少年时爱读书，是学而知之者。

青年时爱读书，是困而学之者。

若找朋友顺利，不会发愤考上北大又考博士。

中年时爱读书，是逼而学之者。

若升职顺利，减少考评任务，不会费力著书立说。

老年时爱读书，方达好而学之者的自由，并有乐而学之者的幸福。

论语重读为修行，汉语文明有圣经。

立身处世讲道理，治国安民懂重轻。

孔子重礼更重仁，德主刑辅倡导人。

无讼理想本教化，宽猛相济两手硬。

孟子主张行仁政，反对滥征滥用刑。

提出民贵君轻说，并言暴君放伐论。

荀子学说博而深，儒法合流首倡人。

隆礼重法不偏颇，奠定帝制法理论。

春秋战国天下乱，诸子救世争建言。

形成学派十余种，儒墨道法最彰显。

七言小诗咏经典，书多成灾贵在选。

常人看了不觉深，专家看了不觉浅。

论语重读

刘广安——著

北京出版集团
文津出版社

图书在版编目（CIP）数据

论语重读 / 刘广安著 . — 北京：文津出版社，
2023.3
ISBN 978-7-80554-848-7

Ⅰ. ①论… Ⅱ. ①刘… Ⅲ. ①儒家②《论语》—研究
Ⅳ. ① B222.25

中国国家版本馆 CIP 数据核字（2023）第 002328 号

总 策 划：高立志
责任编辑：侯天保
责任印制：燕雨萌
责任营销：猫 娘
装帧设计：田 晗

论语重读
LUNYU CHONG DU

刘广安 著

出　　版：北京出版集团
　　　　　文津出版社
地　　址：北京北三环中路 6 号
邮　　编：100120
网　　址：www.bph.com.cn
发　　行：北京伦洋图书出版有限公司
印　　刷：北京华联印刷有限公司
经　　销：新华书店
开　　本：880 毫米 ×1230 毫米　1/32
印　　张：9.25
插　　图：14
字　　数：149 千字
版　　次：2023 年 3 月第 1 版
印　　次：2023 年 3 月第 1 次印刷
书　　号：ISBN 978-7-80554-848-7
定　　价：80.00 元

如有印装质量问题，由本社负责调换
质量监督电话：010-58572393

重读《论语》

《论语》宗旨：或言"仁"、或言"礼"、或言"学"、或言"乐"。merits言"为人"与"为政"。"为人著惮"，"为政以德"，书中皆有考证。"为人"即右儒所言"修身齐家"或曰"内圣"；"为政"即"治国平天下"或曰"外王"。

2021·2·6 深夜于京华东斋

刘广安先生手迹

德国德得利藏版封面

德国德得利藏版衬页

德国德得利藏版扉页

作者多年淘存《论语》图书，图为作者收藏的德国著名汉学家卫礼贤
（Richard Wilhelm）译解的德译本《论语》（*Kung Futse Gespräche*）

KONFUZIUS [KUNGFUTSE]
Ältestes bekanntes Bild
Nach einem Gemälde von Wu Dau Dsï (Wu Tao Tzu)
berühmtem Maler der Tang-Dynastie (ca. 900 Jahre n. Chr.)

德国德得利藏版插页

〔明〕《孔子杏坛讲学图》（一），画幅上部，孔子端坐在松杏之下，戴礼冠，着大袖宽衣，手执如意，面前一弟子拱立聆听，左边三弟子侍立；画幅下部，十六位弟子沿山路而上，纷纷向孔子设教的地方走去，并绘有山石树木，瀑布流水，表现出孔子"弟子弥众"的景象

〔明〕《孔子杏坛讲学图》（二），画中孔子神态祥和，背靠一扇素屏，坐于一张圆形矮榻之上，四弟子全神贯注，分成两组端坐受教，其中一位双手合抱于胸似在发问的情景

論 語 譯 注

楊 伯 峻 譯 注

中 華 書 局

1980 年 · 北京

劉方安

1983. 3. 28.

1983年3月28日作者购于北大书店的《论语译注》扉页，
中华书局1980年第2版第8次印刷

作者搜集的《论语》相关图书部分书影

作者撰写《论语重读》时参考较多的十本书

书房东斋一角

作者画像

目 录

前 言

　　《论语》流传两千多年，对中国文化发展的影响，对华人社会生活的影响超过其他汉语典籍。正如思想家李泽厚所言："《论语》这本书所宣讲、所传布、所论证的那些'道理'、'规则'、主张、思想，已代代相传，长久地渗透在中国两千年来的政教体制、社会习俗、心理习惯和人们的行为、思想、言语、活动中了。"❶ 史学家钱穆认为："《论语》应该是一部中国人人必读的书。不仅中国，将来此书，应成为一部世界人类的人人必读书。"❷ 日本著名作家井上靖认为："孔子是乱世造就的古代（公元前）学者、思想家、教育家。以研究《论语》著称的美国克里尔教授与我国和迁哲郎博士把孔子称为'人类'的导师，这是最恰当不过的评价。孔子的确是永恒的人类的导师。孔子思想至今没有过时。正因为没有过时，在二十世纪末的今天，日本的书店依然摆着许许

---

❶ 李泽厚：《论语今读》，生活·读书·新知三联书店2004年版，第2页。
❷ 钱穆：《孔子与论语》，九州出版社2011年版，第43页。

多多研究《论语》的书籍。"❶ 上引三位著名学者的看法，从不同视角说明，《论语》值得世人阅读。

《论语》粗看不难，细看不易。钱穆说："《论语》中任何一字一句，自古迄今，均有甚多异义、异说、异解。在此许多异解中，我们不当批评其孰是孰非、孰好孰不好，而只当看其孰者与《论语》原文本义相合。"❷ 蔡尚思说："《论语》一书在中国古籍中最为杂乱，连我读《论语》至今已八十多年，也苦于无法完全知道哪几句话哪几段话是在哪一篇中。"❸ 杨伯峻说："《论语》的词句，几乎每一章节都有两三种以至十多种不同的讲解。"❹ 王元化说："孔子说了很多，绝不仅仅只是《论语》这些话，只是为什么记下这些，他里面到底有什么含义，具体何所指，针对什么问题，对象又是哪些，这个就很难了，你就很难分析，这是一点。再一个我主张你不要用自己理解的方式来解释，这种方式，很容易加进自己的意见。"❺ 不仅《论语》文本不易解读，而且众多的《论语》读本，也不易选择取舍。法史学家程树德的《论语集释》

---

❶ 〔日〕井上靖：《孔子》，郑民钦译，人民日报出版社1990年版，第3页。
❷ 钱穆：《孔子与论语》，九州出版社2011年版，第107页。
❸ 蔡尚思：《论语导读》自序，巴蜀书社1996年版。
❹ 杨伯峻：《论语译著》例言，中华书局1980年版。
❺ 吴琦幸：《王元化晚年访谈录》，上海人民出版社2013年版，第78页。

是《论语》文献集大成的里程碑，得到很多学者肯定，也受到《论语》解读名家的批评。钱穆说："民国以来，闽县程树德为《论语集释》，征引书目，凡十类四百八十种，异说纷陈，使读者如入大海，汗漫不知所归趋。搜罗广而别择未精，转为其失。"❶在我看来，如果只征引正统书目，选收作者认定的精品，放弃"异说纷陈"书目，搜罗不广，就不是集大成的巨著了，就不能帮助后人全面了解《论语》文献了。所以，《论语》名家批评的话，也不可全信。

我见到的各种《论语》读本，多按《论语》传承文本的篇章顺序解读。这样，一个重要概念分散在多个篇章，很难集中认识。例如，"仁"的概念分散在一百多处，很难集中认识。有几种按专题分列的读本，列举概念很多，但对重要概念的系统分析、深入分析不够。有的读本认定一个核心概念，根据自己的理解评议很多，但对多个重要概念没有作出系统全面集中的文本解读。《论语》中的思想概念很多，分散解读，很难认识、把握孔门思想的整体。

《论语》早期文本由谁编订？文本中的各个篇章之

---

❶　钱穆：《论语新解》序，生活·读书·新知三联书店2002年版，第1页。

间有何内在联系？学界争论颇多，都缺乏充分的证据可以落实。《论语》各个篇章的内容编排看似零散，但包含了孔门思想的整体，其中存在一定的思想体系。孔子的德治思想就是贯穿其中的思想体系，集中体现在仁、孝、德、礼、君子等道德概念的讨论中。这些重要概念具体反映了孔子教书育人和治国理政的思想，即《论语》中所谈的"为人""为政"的思想，也是后人引申的"内圣""外王"的思想。认识了这些重要概念，就能掌握《论语》的主要内容和主要思想。

　　本书前五章，选择仁、孝、德、礼、君子五个重要概念，进行系统全面集中的文本今译和解读。仁的理想道德内容多，孝的现实道德内容多，德体现了理想道德与现实道德的结合，礼体现了理想道德与现实道德的践行，君子具有一种或多种优良道德品质，是孔子德治思想的主体，是孔子实现"为人""为政"理想的担当者、引领者、实现者。这五个概念及其相互关系在《论语》中的重要性，是本书集中今译和解读的基本缘由。据杨伯峻《论语词典》，上述五个概念在《论语》中出现的次数是：仁109次、孝19次、德38次、礼75次、君子107次。本书解读五个概念的次数稍多，延伸及紧密联系的相关概念。在原文和今译的文本认识的基础之上，在修身、齐家、治国、平天下的理论基础之上，从个人、家庭、社会、从政、治国几个方面作出系统、全面、深入的解读，突出孔子德治思想所包含的现实道德和理想道德原则的解读。本书后两章的补充解读，从多个方面丰富了对《论语》的内容和思想的综合认识和全面认识。

《论语》的文字解读，历代积累，几达穷尽，末流落入训诂学家黄侃所讥："凡轻改古籍者，非愚则妄。"[1]《论语》的思想解读，历代翻新。多用《论语》旧瓶装本朝新酒。汉代用谶纬之学解读，魏晋隋唐用玄学佛学解读，宋元明清用理学心学解读，晚清以来用各种西学解读，新见很多，离《论语》文本却很远。

《论语重读》的思想解读，立足于孔子的德治思想体系，慎重选择经过现代学者辨析的概念解读。立足于《论语》文本自身，慎重联系经过现代学者考证的儒学原典解读。希望成为在《论语》思想解读方面有特点的《论语》文本的普及读本，属于《论语》传播学方面的读本。虽含有个别文句的辨析考证，但不是《论语》考证学的著作。退休后，为多年受益的《论语》做点儿有新的思路、新的意义的普及工作。尽量注意考证学者的有关著

[1]　《黄侃手批白文十三经》前言，上海古籍出版社1983年版，第1页。

作，选择利用其成果，增强普及读本的说服力，树立《论语》普及读本的一个新路标。本书与多种《论语》读本相较，主要特点有三：一是根据孔子的德治思想今译和解读《论语》；二是选择五个重大概念集中今译和解读，突出现实道德和理想道德关系的解读；三是兼顾"为人"（立身处世）与"为政"（治国安民）两方面的解读。可以说，《论语重读》是《论语》文本的具有新的思路的普及读本。不是商榷读本，只有很少内容的商榷；也不是解构读本，虽集中译解重大概念，但尊重《论语》原文的历史性、权威性。商榷专文，将另写《论语新说》，待时结集交流。

　　本书紧扣《论语》文本解读，适当联系诸经相关内容解读。文字今译参考前贤多家成果，选择取舍，断以己意，力求译文明确简练，对应《论语》原文的质朴精练。为求文意贯通，慎重加字或减字。古文今译，是古典知识当代化的重要通道，也是《论语》知识当代化的重要通道。本书的思想解读，参考引证李泽厚先生的《论语今读》较多。李先生对《论语》中许多概念的"哲学性阐释"，超越其他《论语》读本。对"孝""礼"等重要概念的分析，对"社会性公德"和"宗教性私德"概念的应用，都为本书所选择引证，帮助解读《论语》文本。本书的解读，突出了法学视角和史学视角解读的思考心得。

　　《论语》今译，出书很多，没有十分满意的。按专题解读的已有多种，也没有十分满意的。《论语重读》也难做到十分满意。文字译解做到"信"了，思想含义又未"达"。文字、思想做到"信、达"了，修辞又未做到"雅"。文言佳句的"雅"，是白话译解很难做到的。而且今译、解读，是与时俱进、常读常新的学术课题，也是生生不息的人生课题。本书今译尽力做到简明精要，解读紧扣原文，不多引申，直接目的是为了更系统更准确地认识《论语》文本的整体内容和思想。重读虽然尊重传世《论语》文本的整体性，但不认同某些学者的观点，认为《论语》的所有篇章和顺序，都是存在严格的不可更动的逻辑关系的，只认为《论语》包含的思想是可以整体认识解读的。这就是本书的《论语》整体认识观。有必要再说明的是，认识《论语》文本的整体思想，最终目的是更系统、更全面、更准确地认识孔子及其弟子传承和发展的博大精深的"为人"（修身养性）、"为政"（治国安民）的整体思想，为改良人性、改良社会、改良政治、改良世界，提供具有传统营养又具有新的补益的精神产品。

2022年1月12日初稿

5月20日修订

第一章 仁

西周德治的辉煌成就，孔子高度赞赏。但西周分封制演变成失控局面，诸侯分立，互相征伐，礼坏乐崩，天下混乱。为了救世，孔子提出了具有大同天下目标的理想道德"仁"。仁是《论语》讨论的核心概念，是出现次数最多的思想概念。孔子从多个角度、多个层面阐发了仁的意义。在仁的基础之上，孔子建立了内涵丰富的德治思想体系（包含仁、义、礼、智、信、孝、忠、德、恕、道等思想概念）。在孔子的德治思想体系中，仁是大同天下的理想道德，是治国安民的崇高道德，是社会交往的典范道德，是个人修身的根本道德。下文将对《论语》中有关仁的内容，分类今译，重点解读。

一、仁是大同天下的理想道德
二、仁是治国安民的崇高道德
三、仁是社会交往的典范道德
四、仁是个人修身的根本道德

一、仁是大同天下的理想道德

4.4　子曰："苟志于仁矣，无恶也。"

今译

如果立志实现仁了，就不会产生邪恶了。

解读

《孔子家语》中记载有孔子希望实现大同天下的思想：孔子曰："昔大道之行，与三代之英，吾未之逮也，而有记焉。大道之行，天下为公，选贤与能，讲信修睦。故人不独亲其亲，不独子其子。老有所终，壮有所用，矜寡孤疾皆有所养。货恶其弃于地，不必藏于己。力恶其不出于身，不必为人。是以奸谋闭而不兴，盗窃乱贼不作。故外户而不闭，谓之大同。"（《孔子家语校注》，中华书局2021年版，第413页。又见《礼记·礼运》可对照理解本章及相关章节内容。）《论语·公冶长》："老者安之，朋友信之，少者怀之。"也表达了孔子大同天下的思想。

本章还有另一种解读，从个人修身方面解读：如果确立了仁的信念，就不会产生邪恶的意念。

8.7　曾子曰："士不可以不弘毅，任重而道远。仁以为己任，不亦重乎？死而后已，不亦远乎？"

今译

曾子说："士必须胸怀宽广，意志坚毅，因为士的责任重大，道路遥远。把仁作为自己的责任，不是责任重大吗？为仁奋斗至死方休，不是道路遥远吗？"

解读

实现大同天下的远大目标，必须具有仁提供的理想道德的动力，具有奋斗终生的献身精神。

参见李泽厚："宗教性的学派一方面强调严格要求、恪守小节，同时也要求在从小节做起的各种礼仪制度中，树立起刚强不屈的伟大人格。这伟大人格的建树以及各种道德行为的可能，并不是凭一时的勇敢、情绪、意气，而是从小处做起的长期锤炼的成果。" ❶

---

❶ 李泽厚：《论语今读》，生活·读书·新知三联书店2004年版，第229—230页。

15.9　子曰：“志士仁人，无求生以害仁，有杀身以成仁。”

今译

孔子说：“志士仁人，不为求生而伤害仁，能够献身而成就仁。”

解读

孔子主张为实现大同理想献身。现代革命家主张为实现共产主义理想献身。为实现崇高理想献身，是古今志士仁人共同的志愿。

15.35　子曰：“民之于仁也，甚于水火。水火吾见蹈而死者矣，未见蹈仁而死者矣。”

今译

孔子说：“民众对于仁，胜过对于水火。我见过跳入水火而死的人，没有见过为实现仁而死的人。”

解读

仁是大同天下的理想道德，需要献出生命的奋斗才能达到。能够献出生命的志士仁人是难于见到的。

17.6　子张问仁于孔子。孔子曰："能行五者于天下为仁矣。"请问之。曰："恭、宽、信、敏、惠。恭则不侮，宽则得众，信则人任焉，敏则有功，惠则足于使人。"

今译

子张向孔子请教怎样达到仁。孔子说："能在天下实现五种美德就是仁了。"子张请问是哪五种。孔子说："恭敬、宽厚、诚信、勤敏、恩惠。恭敬就不会受到侮辱，宽容就能得到众人拥护，诚信就能得到信任，勤敏就能取得成功，恩惠就足以使用人。"

解读

本章所说体现仁的五种美德，是现实努力可以达到的，也是理想境界的美德。可以视为大同天下人们应有的美德。

18.1　微子去之，箕子为之奴，比干谏而死。孔子曰："殷有三仁焉。"

今译

微子离开了纣王，箕子做了纣王的奴隶，比干强谏
纣王而被杀。孔子说："殷代有三位仁人。"

解读

殷代的三位仁人，都是能够为理想事业献身的人，
得到了孔子的称赞。

二、仁是治国安民的崇高道德

5.8　孟武伯问："子路仁乎？"子曰："不知也。"又问，子曰："由也，千乘之国，可使治其赋也，不知其仁也。""求也何如？"子曰："求也，千室之邑，百乘之家，可使为之宰也，不知其仁也。""赤也何如？"子曰："赤也，束带立于朝，可使与宾客言也，不知其仁也。"

今译

孟武伯问："子路能做到仁吗？"孔子说："不知道。"孟又问，孔子说："仲由嘛，千辆兵车的国家，可以安排他管理军事，不知他能否做到仁。"孟问："冉求能做到仁吗？"孔子说："冉求嘛，千户的封邑，百辆兵车的采地，可以安排他担任总管，不知他能否做到仁。"孟问："公西赤能做到仁吗？"孔子说："公西赤嘛，穿上礼服站在朝堂，可以安排他负责外交，不知他能否做到仁。"

解读

孔子视仁为治国安民的最高道德，不自许仁，也不轻易许他人以仁，对非常能干非常亲密的弟子也不轻易许仁。

7.34　子曰："若圣与仁，则吾岂敢？抑为之不厌，诲人不倦，则可谓云尔已矣。"公西华曰："正唯弟子不能学也。"

今译

孔子说："如果说圣与仁，那我怎么敢当？为了达到圣与仁，不厌倦地去做，不疲倦地教人，还可以这样说吧。"公西华说："这正是弟子不能学到的。"

解读

圣与仁是治国安民的最高道德，孔子不自许，也不轻易许人。

5.19　子张问曰："令尹子文三仕为令尹，无喜色；三已之，无愠色。旧令尹之政，必以告新令尹。何如？"子曰："忠矣。"曰："仁矣乎？"曰："未知，焉得仁？""崔子弑齐君，陈文子有马十乘，弃而违之。至于他邦，则曰：'犹吾大夫崔子也。'违之。之一邦，则又曰：'犹吾大夫崔子也。'违之。何如?"子曰:"清矣。"曰:"仁矣乎?"曰:"未知,焉得仁?"

今译

子张问:"子文三次任官为令尹,没有喜色。三次免去令尹,没有怒色。前令尹的政事,一定告诉新令尹。怎么样?"孔子说:"做到忠了。"子张问:"达到仁了吗?"孔子说:"不知道。哪能达到仁呢?"子张说:"崔子杀了齐君,陈文子有十辆马车,抛弃马车,离开了齐国。到了他国,说这里的执政者和齐国的大夫崔子差不多,就离开了。又到了另一邦国,又说,这里的执政者也和齐国的大夫崔子差不多,又离开了。这个人怎么样?"孔子说:"做到清白了。"子张说:"做到仁了吗?"孔子说:"不知道。哪能达到仁呢。"

解读

忠和清是很高的政治品德,但在孔子思想中,还没有达到仁的高度。

6.30 子贡曰:"如有博施于民而能济众,何如?可谓仁乎?"子曰:"何事于仁,必也圣乎!尧、舜其犹病诸！夫仁者，己欲立而立人，己欲达而达人。能近取譬，可谓仁之方也已。"

今译

子贡说："如果有人能给民众普遍恩惠又能救济民众，怎么样？这可以称为仁吗？"孔子说："何止是仁，一定是圣了！尧、舜都未必达到这样！至于仁，是自己想自立也帮助他人自立，自己想发展也帮助他人发展。能将心比心，推及他人，可以说是达到仁的方法了。"

解读

孔子主张的"仁"，既有内在修身的内容，也有外在事功的内容，就是《论语》中所说的"为人"的内容和"为政"的内容，不只限于"内圣"方面。孔子向往的"大同天下"是"天下为公"的理想社会，在《孔子家语》《礼记》中都有记载，与墨家、道家的理想都有区别。这是我们解读本章内容与前哲时贤既有相同的地方，也有不同的地方。

参见钱逊："这一章说仁就是'己欲立而立人，己欲达而达人'，这是对'仁'的一个原则的说明。仁的根本精神，就是要推己及人。15.24章所说的'己所不欲，勿

施于人’也是体现了这个精神。”❶

又参见李泽厚：“《论语》全书大都说‘仁’大于高于其他范畴，如大于高于礼、义、忠、信、亲、庄、敬、恭等等。唯独此处提出更大更高的‘圣’的范畴。这恰好说明，‘仁’主要是指一种心理情感和精神境界，‘圣’则因包括外在功业的整个客观成就，所以‘大’于仁。由此亦可见孔子颇重‘博施于民’的功业成就，并非专讲一己之成德，与受佛学影响的宋明理学不同。此外，也说明虽尧舜也难于达到‘博施于民’的完美理想。所以儒家的目标是‘小康’，不作偏远乌托之思，典型地表现了实用理性，倒可用之以接近英国经验论的自由主义。所谓‘天下大同，一家一人’的乌托邦社会基本上是下层群众不满现实的墨家理想和上层士大夫嫉俗避世的道家理想，后来被改编在孔子和儒家的学说之中了。”❷

7.15 冉有曰：“夫子为卫君乎？”子贡曰：“诺，吾将问之。”入，曰：“伯夷、叔齐何人也？”曰：“古之贤人也。”曰：“怨乎？”曰：“求仁而得仁，又何怨？”出，曰：“夫子不为也。”

---

❶ 钱逊：《论语浅解》，北京古籍出版社1988年版，第110页。
❷ 李泽厚：《论语今读》，生活·读书·新知三联书店2004年版，第187页。

今译

冉有问:"老师会帮助卫君吗?"子贡说:"好,我去问问。"子贡进屋,说:"伯夷、叔齐是什么样的人?"孔子说:"古代的贤人。"子贡说:"他们有怨悔吗?"孔子说:"追求仁而且得到了仁,又有何怨悔呢。"子贡出屋,说:"老师不会帮助卫君的。"

解读

卫国的父子争夺君位,没有伯夷、叔齐兄弟推让君位的仁德。子贡用此故事试探孔子对卫君的态度。孔子的回答,表达了坚守仁德的高尚原则,不会放弃原则苟且助人。

8.2　子曰:"恭而无礼则劳,慎而无礼则葸,勇而无礼则乱,直而无礼则绞。君子笃于亲,则民兴于仁。故旧不遗,则民不偷。"

今译

孔子说:"恭敬而不知礼就会劳苦,谨慎而不知礼就会畏惧,勇敢而不知礼就会作乱,正直而不知礼就会尖刻。执政者重视亲情，民众就会重视仁德。执政者不遗弃故旧，民众就不会淡薄人情。"

解读

执政者具有良好道德，又依礼践行，重视亲情，善待故旧，就能起到表率作用，并引领民众走上仁道。

8.10　子曰："好勇疾贫，乱也。人而不仁，疾之已甚，乱也。"

今译

孔子说："喜好勇敢又憎恶贫困，就会作乱。憎恶不仁的人达到极点，也会作乱。"

解读

喜好、憎恶做到适度，坚持仁德的原则，才不会作乱。

12.20　子张问："士何如斯可谓之达矣？"子曰："何哉，尔所谓达者？"子张对曰："在邦必闻，在家必闻。"子曰："是闻也，非达也。夫达也者，质直而好义，察言而观色，虑以下人。在邦必达，在家必达。夫闻也者，色取仁而行违，居之不疑。在邦必闻，在家必闻。"

今译

子张问："士如何做可以称为达？"孔子说："什么意思，你所说的达？"子张回答说："在邦国一定出名，在大夫家一定出名。"孔子说："这是出名，不是达。所谓达，是品行正直而且爱好礼义，能察言观色，谦让做人。在邦国一定达，在大夫家一定达。所谓闻，是表面上追求仁而实行中违背仁，安然处之，没有怀疑。在邦国一定出名，在大夫家一定出名。"

解读

仁是高尚的道德，不能为出名而违背仁。要做到品行正直、爱好礼义、谦让做人，为国为家才能达到仁。

12.22 樊迟问仁。子曰："爱人。"问知（智）。子曰："知人。"樊迟未达。子曰："举直错（措）诸枉，能使枉者直。"樊迟退，见子夏曰："乡也吾见于夫子而问知（智），子曰：'举直错（措）诸枉，能使枉者直'。何谓也？"子夏曰："富哉言乎！舜有天下，选于众，举皋

陶，不仁者远矣。汤有天下，选于众，举伊尹，不仁者
远矣。"

今译

樊迟问如何做到仁。孔子说："爱人。"问如何做到
智。孔子说："理解人。"樊迟没有理解。孔子说："选用
正直的人，放弃奸佞的人，能使奸佞的人向往正直。"樊
迟退出，见到子夏说："刚才我见到老师，问如何做到
智。老师说：'选用正直的人，放弃奸佞的人，能使奸佞
的人向往正直'。这是什么意思？"子夏说："老师的话含
义很丰富啊！舜有天下，从众人中选拔人才，选用了皋
陶，不仁的人就远去了。汤有天下，从众人中选拔人才，
选用了伊尹，不仁的人就远去了。"

解读

治理国家，选用仁爱知智的贤才，奸佞不仁的人就
会改变，就会走开。本章仍是从"为政"治国方面讲仁
的重要性。

13.12　子曰："如有王者，必世而后仁。"

今译

孔子说："如果有王者兴起，一定要三十年才能实现仁道。"

解读

仁是治国的崇高目标，要有贤明的君王的领导，终生奋斗才能实现。

14.1　宪问耻。子曰："邦有道，谷；邦无道，谷；耻也。""克、伐、怨、欲不行焉，可以为仁矣？"子曰："可以为难矣，仁则吾不知也。"

今译

原宪问什么是可耻。孔子说："国家追求正义，做官拿俸禄。国家追求不义，也做官拿俸禄。这是可耻。"原宪又问："好胜、自夸、怨恨、贪欲都没有了，可以称作仁了吧？"孔子说："可以称作难能可贵了，能否称仁，我就不知道了。"

解读

没有好胜、自夸、怨恨、贪欲，只达到无损他人的较高道德境界，还没有达到有益他人、立人达人的崇高道德境界，所以孔子不称许为仁。

14.9　或问子产。子曰："惠人也。"问子西。曰："彼哉！彼哉！"问管仲。曰："人（仁）也。夺伯氏骈邑三百，饭疏食，没齿无怨言。"

今译

有人问子产这个人怎样。孔子说："施恩民众的人。"又问子西。孔子说："不值得说！不值得说！"又问管仲。孔子说："是仁人。剥夺伯氏封邑三百家，伯氏吃粗粮，至死没有怨言。"

解读

子产治国，施恩民众。管仲治国，公正依法。都具有治国的崇高道德，所以受到孔子的首肯称赞。

14.16　子路曰："桓公杀公子纠，召忽死之，管仲不死。"曰："未仁乎?"子曰："桓公九合诸侯，不以兵车，管仲之力也。如其仁! 如其仁!"

今译

子路说："齐桓公杀公子纠，召忽为主子自杀殉难了，管仲没有殉难。"又说："管仲没有做到仁吧?"孔子说："齐桓公多次召集诸侯会盟，不用战争，这是管仲的功劳啊。这就是仁! 这就是仁!"

解读

孔子的德治思想，主张以德服人，反对以力服人。管仲帮助齐桓公多次召集诸侯会盟，不用战争，而用仁德，所以得到孔子的肯定。又参见李泽厚："孔子是从为民造福的客观巨大功业出发来肯定管仲的，正如将'博施于民而能济众'的'圣'放在'仁'之上一样。'内圣'并非目的本身，因之大不同于受佛家影响的宋明理学。孔子之后，儒学也有讲究'外王'而不同于宋明理学的派别和'路线'。例如，荀子讲礼近法，董仲舒的'仁外义内'，陈亮、叶适的强调事功，均次另一'路线'。中国传统的特点是心灵上儒道互补，政治上儒法互用。这两个互补互用中均以儒为主。为什么? 原因很多，其中之一就是这'互补''互用'本来就建筑在儒学内部的因素发展之上。儒学有为孔子喜爱的颜回、曾点的一面，可以与道家接轨。儒学也有孔子盛赞管仲的一面，有称许子贡、子路的一面，从而与法家接轨也不困难。"❶

14.17 子贡曰："管仲非仁者与？桓公杀公子纠，不能死，又相之。"子曰："管仲相桓公，霸诸侯，一匡天下，民到于今受其赐。微管仲，吾其披发左衽矣。岂若匹夫匹妇之为谅也，自经于沟渎而莫之知也。"

今译

子贡说："管仲不是仁人吧？桓公杀公子纠，他不能为主子殉难，反而做了桓公的宰相。"孔子说："管仲做桓公的宰相，称霸诸侯，会盟天下，民众至今受其恩惠。没有管仲，我们都要异服改装了。他哪能像一般男女那样死守小信，自杀在溪沟里，谁也不知道呢。"

解读

给民众带来恩惠，是治国的崇高仁德，是执政者的

---

❶ 李泽厚：《论语今读》，生活·读书·新知三联书店2004年版，第389页。

大节。管仲不为旧主公子纠殉难，辅佐桓公，强国惠民，小节有失，大节有功。孔子赞其大节，肯定管仲是仁人。

15.33　子曰："知及之，仁不能守之，虽得之，必失之。知及之，仁能守之，不庄以莅之，则民不敬。知及之，仁能守之，庄以莅之，动之不以礼，未善也。"

今译

孔子说："智力获得治国权力，不能用仁德维护，虽然得到了，一定会失去。智力获得了，又能用仁德维护，但不能用庄重态度对待民众，民众就不会敬服。智力获得了，又能用仁德维护，还能用庄重态度对待民众，但不能依礼使用民众，也没有达到完善。"

解读

智、仁、庄、敬、礼，都是孔子德治思想的重要概念。仁是核心内容，礼是制度规范，二者是治理国家的目标和依据。庄、敬则是治理国家的态度和效果。

又参见李泽厚："到底'仁'是否'全德'或最高的'德'？在《论语》中。'仁'比礼、义、智、信等要突出得多，地位也高得多。""此章使人联想及《易·系辞》的有名句段：'天地之大德曰生，圣人之大宝曰位，何以守位曰仁，何以聚人曰财，理财正辞禁民为非曰义。'——《论语》讲'仁'百次，但究竟什么是'仁'，如何才'仁'，仍无定解。"❶

20.1 周有大赍，善人是富。"虽有周亲，不如仁人。百姓有过，在予一人。"

今译

周有大的赏赐，使善人致富。"虽有至亲，不如有仁人。百姓有罪过，责任在我一人。"

解读

孔子的德治思想源自西周初期的政治家周文王、周武王和周公旦。把"仁"作为德治思想的核心，是孔子的创新。这段话选自《论语·尧曰》。引号内是周武王的话。❷

20.2 子张问于孔子曰："何如斯可以从政矣？"子

---

❶ 李泽厚：《论语今读》，生活·读书·新知三联书店2004年版，第443页。
❷ 参见钱逊：《论语浅解》，北京古籍出版社1988年版，第302页。

曰："尊五美，屏四恶，斯可以从政矣。"子张曰："何谓
五美？"子曰："君子惠而不费，劳而不怨，欲而不贪，
泰而不骄，威而不猛。"子张曰："何谓惠而不费？"子曰：
"因民之所利而利之，斯不亦惠而不费乎？择可劳而劳
之，又谁怨？欲仁而得仁，又焉贪？君子无众寡，无小
大，无敢慢，斯不亦泰而不骄乎？君子正其衣冠，尊其
瞻视，俨然人望而畏之，斯不亦为而不猛乎？"子张曰：
"何谓四恶？"子曰："不教而杀，谓之虐。不戒视成，谓
之暴。慢令致期，谓之贼。犹之与人也，出纳之吝，谓
之有司。"

今译

　　子张向孔子请教说："如何做就可以处理政事了？"
孔子说："尊崇五美，根除四恶，就可以处理政事了。"
子张问："什么是五美？"孔子说："君子给民众恩惠而不
浪费，让民众劳作而不怨恨，有追求却不贪婪，谦和而
不骄傲，威严而不凶猛。"子张问："什么是给民众恩惠
而不浪费？"孔子说："顺应民众的利益而给他们利益，
这不是惠而不费吗？选择应该劳作的让他们劳作，又有
谁会怨恨呢？追求仁而得到仁，又怎么会贪呢？君子处
理政事，不论多少，不论大小，都不敢怠慢，这不就是

谦和而不骄傲吗？君子端正衣冠，庄重仪容，庄严让人望而敬畏，这不就是有作为而不凶猛吗？"子张问："什么是四恶？"孔子说："不教化而杀戮，称为虐。不告诫而要求成功，称为暴。政令迟缓而要求限期完成，称为贼。如同给人财物，出手吝啬，称为小管家。"

解读

尊崇五美，根除四恶，是孔子治国理政的具体主张。基本原则是主张执政者要为民众谋求福利，爱护民众，不贪不骄，以身作则。反对不教而杀，暴政酷法。其核心理念是达到以仁治国的崇高境界。参见第五章之五解读。

三、仁是社会交往的典范道德

4.1　子曰："里仁为美。择不处仁，焉得知？"

今译

孔子说："居住在仁爱的地方是美好的。选择居所不在仁爱的地方，哪里称得上明智呢？"

解读

参见李泽厚对本章的解读："非常具体。今日大陆的居民委员会如能自觉向这个方向发展，更为扩展其调解、协商、和睦、关怀、帮助邻里的功能，岂不是一种很好的组织形式？它可以突破原子个人主义和机械性集体主义的弊病，而起着稠密人际关系和人际情感的功能。正因为以情为体，儒家总肯定此世间生活即为美、为善，不必硬去追求来世、彼岸或天国的美善。《楚辞·招魂》描写天上地下四面各方都是可怕的猛兽妖魔，不可居处，还是回到这块人间故土上来吧，似深受儒学影响。此乃'里仁为美'的深意。我一直强调中国文化特征是'一个

世界'，即这个充满人间情爱的现实世界，即以'里仁为美'也，而与其他文化的两个世界（天国—人间）颇不相同。"❶

4.2　子曰："不仁者不可以久处约，不可以长处乐。仁者安仁，知者利仁。"

今译

孔子说："不仁的人不可以长期处于贫困中，也不可以长期处于安乐中。仁者安于仁道，智者利用仁道。"

解读

参见钱逊："孔子说不仁者不能长久地出于贫困和安乐之中，是说他们久处贫困就易于为非作乱，久处安乐就易于骄奢淫逸。只有仁者安于仁道，才能经受长久贫困和安乐的考验而不走上邪道。以后孟子提出'富贵不能淫，贫贱不能移，威武不能屈'的要求，发挥了这一思想，在这种思想的基础上，形成、发展了我们民族重视个人的政治、道德操守，要求人们在任何环境下都能

---

❶　李泽厚：《论语今读》，生活·读书·新知三联书店2004年版，第106—107页。

矢志不移，保持气节的优良传统。这一章还提出了安仁和利仁这样两种不同境界的区别，也值得注意。"❶

4.3　子曰："唯仁者能好人，能恶人。"

今译

孔子说："只有仁爱的人能喜欢人，能憎恶人。"

解读

参见李泽厚："谁不能喜恶？这里依然是说，虽喜恶也并非一任情感的自然，中仍应有理知判断在内。《礼记·曲礼》所谓'爱而知其恶，憎而知其善'，更表现了这一点。这样，喜恶才不是情绪性、更不是生物性的反应，而只有'仁人'（真正具有人性的人）能做到这一点。可见，'仁'不能等同于理（包括'天理'）而是其中有理又有情，即仍是某种情理结构的展现。此情包括恶（不喜欢、憎恶），亦足见仁者并非是是非非不分义理不问的好好先生。但这种'是非之心'不只是理知判断，或服从某种先验的律令态度，它是融理于情的人生态度。这与西

---

❶ 参见钱逊：《论语浅解》，北京古籍出版社1988年版，第68页。

方讲的'是非'、康德讲的实践理性，仍大不同。中国的'是非'不是中性的事实陈述，而总或多或少含有价值判断和情感态度在内。钱穆《论语要略》：'仁者——以真情示人，故能自有好恶。——从来解此章者，——都不识得'能'字。''知当知识，仁当情感，勇当意志。而知情意三者之间，实以情为主。情感者，心理活动之中枢也。真情畅遂，一片天机。'梁漱溟说，欲望是以个人主体为重，情感则以对方及双方关系为重（《中国文化要义》）。均以情感为中国文化特点所在。"❶

4.7 子曰："人之过也，各于其党。观过，斯知仁矣。"

今译

孔子说："人的过错，各有其同类。观察他的过错，就知道他的仁德了。"

解读

过错是不符合仁的标准且有损于仁的言行。观察一

---

❶ 李泽厚：《论语今读》，生活·读书·新知三联书店2004年版，第108—109页。

个人或一类人的过错，是孔子判断是否仁德的一种社交经验。"观过知仁"成为影响后世的经验性方法、经验性真理。

4.6　子曰："我未见好仁者，恶不仁者。好仁者，无以尚之；恶不仁者，其为仁矣，不使不仁者加乎其身。有能一日用其力于仁矣乎？我未见力不足者。盖有之矣，我未之见也。"

今译

孔子说："我没有见到爱好仁的人和厌恶不仁的人。爱好仁的人，是无比高尚的人；厌恶不仁的人，他的行为就是仁了，不使不仁的行为发生在自己身上。有人能用一天的努力追求仁吗？我没有见到力量不够的人。也许有这种人，但我没有见到。"

解读

"好仁""恶不仁"也是孔子判断人品的社交原则、道德原则。参见李泽厚："《论语》中有许多说法直接矛盾。例如，一方面是强调'仁'的稀少、罕有、难得、不易做到，最受称赞的颜回也只'三月不违仁'；另一方面又强调大家都要做到，一刻也不能脱离；而且只要立志去做，仁是容易做到的，等等。所以这不能看作哲学思辨或逻辑论证，只能看作半宗教式的实践劝导。一方面是难得，一方面是易做，而且只要做，也就可得救。中国思维方式中这种含混、模糊、未定、宽泛的特征，却又并不与近代接受西方严格思维训练相冲突、矛盾。中国人仍能很快地接受西方的科学、逻辑、哲理，这一现象值得研究。"❶

5.5　或曰："雍也仁而不佞。"子曰："焉用佞？御人以口给，屡憎于人。不知其仁，焉用佞？"

今译

有人说："冉雍有仁德却没有口才。"孔子说："何必要口才呢？巧嘴利舌，常讨人恨。我不知道这样的仁，何必要口才呢？"

解读

先行后言、重行轻言、敏事讷言、敬事慎言，都是

---

❶ 李泽厚：《论语今读》，生活・读书・新知三联书店2004年版，第111—112页。

孔子提倡赞赏的社交品德，也是道德原则。

6.22 樊迟问知。子曰："务民之义，敬鬼神而远之，可谓知矣。"问仁。曰："仁者先难而后获，可谓仁矣。"

今译

樊迟问什么是明智。孔子说："致力应当做的，敬重鬼神而远离他们，可以称作明智了。"又问什么是仁。孔子说："仁者先吃苦后获取，可以称作仁了。"

解读

"先难后获"是孔子提出的又一项社交原则，也是评判人品、衡量仁德的道德原则。

6.26 宰我问曰："仁者，虽告之曰，'井有仁焉。'其从之也？"子曰："何为其然也，君子可逝也，不可陷也；可欺也，不可罔也。"

今译

宰我问："仁德的人，如果告诉他，井里掉下人了，他会跳到井里救吗？"孔子说："为什么会这样呢？君子可以去看，不可以陷害他下井；可以欺骗他，不可以愚弄他。"

解读

"杀身成仁"是孔子提倡的重大道德原则，但要"死得其所"。参见李泽厚："宰我总爱提奇怪而尖锐的问题，为难老师，甚为有趣，也显示确实聪明。孔子回答得也好，说明'仁人'并非笨蛋，可以随意欺侮陷害。因'仁'中本即有'智'，是为情理结构。可惜如今仁者多为老实人，而老实人总受人欺侮、戏弄和陷害。"❶

8.10　子曰："好勇疾贫，乱也。人而不仁，疾之已甚，乱也。"

今译

孔子说："喜好勇敢又憎恶贫穷的人，就会作乱。憎恶不仁的人达到极点，也会作乱。"

---

❶　李泽厚：《论语今读》，生活·读书·新知三联书店2004年版，第183页。

解读

喜好、憎恶，是自然情感，更是道德情感，掌控适度才符合仁德的原则，"过犹不及"。参见6.29"中庸之为德也，其至矣乎！民鲜久矣。"8.2"勇而无礼则乱"。14.10"贫而无怨难"。《大戴礼·曾子立事》："君子恶人之不善而弗疾也。"

9.29　子曰："知者不惑，仁者不忧，勇者不惧。"

今译

孔子说："智慧的人不迷惑，仁德的人不忧愁，勇敢的人不畏惧。"

解读

仁德的人，也有智、有勇，并非愚笨的人。参见14.4"仁者必有勇，勇者不必有仁"。又参见本书第七章解读。

12.24　曾子曰："君子以文会友，以友辅仁。"

今译

曾子说:"君子依靠文章结交朋友,又依靠朋友助成仁德。"

解读

修成仁德主要依靠自己的努力,也要借助朋友的帮助。又参见本书第五章之三12.24解读。

13.19 樊迟问仁。子曰:"居处恭,执事敬,与人忠。虽之夷狄,不可弃也。"

今译

樊迟问怎样做到仁。孔子说:"居家相处恭敬,办理事务敬慎,与人交往忠诚。即使到了文明落后的地方,也不可放弃仁。"

解读

恭敬、敬慎、忠诚,是孔子一贯倡导的修身的仁德品质,也是参与社交的道德原则。

14.4　子曰：“有德者必有言，有言者不必有德。仁者必有勇，勇者不必有仁。”

今译

孔子说：“有德的人一定有善言，有善言的人不一定有德。仁德的人一定有勇敢，勇敢的人不一定有仁德。”

解读

有德的人，仁爱的人，优于善于言辞的人和喜好勇敢的人。孔子赞赏后者，但重视前者胜于后者。孔子提出的许多有关仁的概念和道德原则，要仔细阅读，反复品味，比较分析，方能辨别主次、高下、轻重，认识其内在关系的原则性、灵活性和可变通性。参见9.29“知者不惑，仁者不忧，勇者不惧”。

14.6　子曰：“君子而不仁者有矣夫，未有小人而仁者也。”

今译

孔子说：“君子不能达到仁，是有的，没有小人能达到仁的。”

解读

本章君子特指人品高尚的人，小人特指人品低劣的人。仁或不仁是衡量、评判君子或小人的社交原则，也是道德原则。但君子也有做不到仁的时候，不能求全责备君子，参与社交要有宽容精神、理解能力。

14.28　子曰："君子道者三，我无能焉。仁者不忧，知者不惑，勇者不惧。"子贡曰："夫子自道也。"

今译

孔子说："君子的美德有三种，我没有能够做到。仁德的人不忧愁，智慧的人不迷惑，勇敢的人不畏惧。"子贡说："先生是说自己啊。"

解读

仁、智、勇，三种美德都具有，是君子的理想境界。孔子不敢自许，子贡认为孔子已经达到了。孔子的思想、学说、声誉，得力于子贡等杰出弟子的认知、维护和宣扬，不断发展，强化了对后世的影响。与儒家同时代的墨家，曾并称显学，但墨家缺少能够继承弘扬、通权达变的弟子，未能达到儒家的历史影响。参见9.29 "仁者不忧，知者不惑，勇者不惧"。

15.10　子贡问为仁。子曰："工欲善其事，必先利其器。居是邦也，事其大夫之贤者，友其士之仁者。"

今译

子贡问怎样做到仁。孔子说："工匠要做好他的工作，一定要先磨利他的工具。居住在一个国家，要为这个国家贤能的执政者做事，要与这个国家仁德的人士交友。"

解读

与仁德的人交友，是社交之道，也是从政治国之道。

15.36　子曰："当仁不让于师。"

今译

孔子说："追求仁德，对老师也不谦让。"

解读

仁是道德理想，也是道德原则。在原则面前，不可退让，不必谦让。

17.1　阳货欲见孔子，孔子不见，归孔子豚。孔子时其亡也，而往拜之。遇诸途。谓孔子曰："来！予与尔言。"曰："怀其宝而迷其邦，可谓仁乎？"曰："不可。""好从事而亟失时，可谓知乎？"曰："不可。""日月逝矣，岁不我与。"孔子曰："诺，吾将仕矣。"

今译

阳货想见孔子，孔子不见。送给孔子蒸熟的小猪。孔子待阳货出门后，去拜谢还礼。在途中遇到阳货。阳货对孔子说："来！我对你讲。"说："身怀本领，却任凭他的国家混乱，可以称为仁吗？"孔子说："不可以。"阳货又说："喜好参与政事却屡次错失时机，可以称为智吗？"孔子说："不可以。"阳货又说："时光流逝，岁月不等人啊。"孔子说："好，我就要参与政事了。"

解读

非礼执政的阳货从国家需要、时代需要的角度，利用孔子倡导的"仁""智"主张，激将、威逼孔子参政，孔子无奈答应参政，实际没有践行。

19.15　子游曰："吾友张也，为难能也，然而未仁。"

今译

子游说："我的学友子张，是难得的了，但还没有达到仁。"

解读

子游认为，仁是很高的境界，孔子的能干学生自己的学友子张还没有达到仁的境界。

19.16　曾子曰："堂堂乎张也，难与并为仁矣。"

今译

曾子说："相貌威严的子张，难于和他一同做到仁。"

解读

　　曾子认为，子张相貌威严，不易接近，难于合作共同做到仁。参见李泽厚："子张的形象在《论语》也较鲜明，他因好政治，可能多言语，喜行动，常有变化或偏失，不那么'刚毅木讷'，于是遭到曾子等人的不满或批评。弟子之间的这种情况固常见者，不足为奇。"❶

---

❶ 李泽厚：《论语今读》，生活·读书·新知三联书店2004年版，第519页。

四、仁是个人修身的根本道德

1.2 "君子务本,本立而道生。孝弟也者,其为仁之本与!"

今译

君子致力于根本,根本建立了相应的原则就产生了。孝悌,就是仁的根本吧!

解读

仁是孔子倡导的理想道德,孝是历代传承的现实道德。理想道德要以现实道德为根基,才具有生命力。

1.3 子曰:"巧言令色,鲜矣仁。"

今译

孔子说:"花言巧语,表情伪善,极少做到仁。"

解读

孔子看重以身作则、行胜于言、诚实可信的人，轻视言过其实、伪善缺德的人。

1.6　子曰："弟子入则孝，出则弟，谨而信，泛爱众而亲仁。行有余力，则以学文。"

今译

孔子说："弟子在家遵守孝道，出门尊敬朋友，谨慎又守信用，博爱大众又亲近仁德。做事有余力，就去学习文化。"

解读

孝、悌、信、仁，是个人修身的基本道德，也是走向社会、从政治国的基本道德。

3.3　子曰："人而不仁，如礼何？人而不仁，如乐何？"

今译

孔子说："人如果不仁，如何对待礼呢？人如果不仁，如何对待乐呢？"

解读

仁是内容，是精神，礼、乐是形式，是表现。没有仁的内容和精神，礼、乐徒具形式，不能实现修身养性、治世安民的价值。

4.5　子曰："富与贵是人之所欲也，不以其道得之，不处也。贫与贱是人之所恶也，不以其道得之，不去也。君子去仁，恶乎成名？君子无终食之间违仁，造次必于是，颠沛必于是。"

今译

孔子说："富与贵是人所想得到的，不行仁道取得的富贵，不占有它。贫与贱是人所厌恶的，不行仁道而脱离贫贱，不脱离它。君子失去仁，怎能成为君子呢？君子一刻也不能离开仁，紧急时是这样，遭难时也是这样。"

解读

仁是高于富贵、贫贱的理想道德，也是君子立身处世的现实道德。

6.7 子曰："回也，其心三月不违仁，其余则日月至焉而已矣。"

今译

孔子说："颜回，他的内心长期不违背仁，其他学生只能短时间做到仁罢了。"

解读

仁是修身养性的根本道德，也是难于长期坚守的道德。孔子只认可最得意的弟子颜回能够长期不违背仁。所以，仁也是理想性道德、宗教性道德、信仰性道德。

6.23 子曰："知者乐水，仁者乐山。知者动，仁者静。知者乐，仁者寿。"

今译

孔子说："智者喜欢水，仁者喜欢山。智者好动，仁者好静。智者快乐，仁者长寿。"

解读

修身养性，有智有仁，乐水乐山，动静结合，亦乐亦寿。

7.6　子曰："志于道，据于德，依于仁，游于艺。"

今译

孔子说："立志在道，根基在德，依靠在仁，应用在艺。"

解读

艺是指礼、乐、射、御、书、数，称为六艺，属于应用学科的知识。艺要立足于道、德、仁的理论基础之上，才能正确应用。"游于艺"今译为"应用在艺"，信乎！达乎！雅乎？！参见第三章之一7.6解读。

7.30 子曰："仁远乎哉？我欲仁，斯仁至矣。"

今译

孔子说："仁离我们很远吗？我想做到仁，这仁就能做到。"

解读

孔子把理想的仁、信仰的仁看得很高，不轻易许人。又认为现实的仁、短期的仁是人人可以做到的，经常可以做到的。

9.1 子罕言利，与命与仁。

今译

孔子很少谈利，赞许命和仁。

解读

"罕言利"并非否定"利"，孔子不致力经商谋利，但赞赏子贡经商谋利的才干，并主张"富民""利民"的从政治国之道。"命"是天赋的自然生命，也是社会赋予的历史使命。"仁"是实现自然生命价值、完成历史使命职责的道德原则、理念依据和信仰支柱。所以，孔子重"命"，重"仁"，胜于重"利"。

参见钱逊："《论语集注》引程子曰：'计利则害义，命之理微，仁之道大，皆夫子所罕言也。'但从《论语》看，孔子讲仁是最多的，讲命也不少，说他罕言仁和命，与《论语》的实际情况不符。"❶

又参见孙钦善："本章反映了孔子重命、重仁而轻利的思想。孔子并不否定功利，他也谈富贵，也谈富民、利民，但必须依义为准，以义为先，反对见利忘义，见小利而误大事。"❷

又参见李泽厚："就《论语》言，确极少讲'利'。但屡次讲'命'，讲'仁'最多，超过百次以上。但多数注疏均释作少讲利和命和仁，与原书不合。亦有解作少言'利'与'命'、仁之关系者。'利'可泛作'功利'、'利益'、'厉害'解，孔子虽未直言，却间接讲得并不少。后儒以此章排斥工商，讳言'私'、'利'，但孔子有对子贡'亿则屡中'的赞赏，而'庶之，富之'不也是某种'利'的延伸吗？这一点与孟子并不相同。"❸

---

❶ 钱逊：《论语浅解》，北京古籍出版社1988年版，第143页。
❷ 孙钦善：《论语本解》，生活·读书·新知三联书店2009年版，第104页。
❸ 李泽厚：《论语今读》，生活·读书·新知三联书店2004年版，第243—244页。

12.1　颜渊问仁。子曰:"克己复礼为仁。一日克己复礼,天下归仁焉。为仁由己,而由人乎哉?"颜渊曰:"请问其目?"子曰:"非礼勿视,非礼勿听,非礼勿言,非礼勿动。"颜渊曰:"回虽不敏,请事斯语矣。"

今译

颜渊问怎样做是仁。孔子说"克制自己按礼去做就是仁。一旦人人克己复礼,天下就实现仁了。做到仁靠自己,能靠他人吗?"颜渊问:"请问做到仁的具体内容?"孔子说:"不合礼的不要看,不合礼的不要听,不合礼的不要说,不合礼的不要做。"颜渊说:"我虽然迟钝,请让我照这些话去做吧。"

解读

仁、礼关系是《论语》讨论的核心问题,历代学人众说纷纭,莫衷一是。本书参考一些学者的看法,认为在孔子的德治思想中,仁是内容、精神,礼是形式、规范。二者互为表里,互相依存,互相配合而发生作用。纳仁入礼,是孔子对夏、商、西周礼学的重大发展。孔子赋予礼新的内容、新的精神。"克己复礼"是孔子修身养性的主张,也是立身处世、从政治国的主张。"天下归仁"是孔子改造个人的道德理想，也是改造社会、治平天下的政治理想。颜渊主要从修身养性、改造个人的角度认识、理解、践行孔子的"复礼""归仁"思想。子贡、子夏、子张主要从改造社会、参政治国方面，认识、运用孔子关于仁礼关系的思想。应结合其他篇章的有关讨论，综合认识、理解孔子"克己复礼""天下归仁"的思想。

参见钱逊："礼要以仁为基础，靠仁来维护，离开仁，礼就徒具形式；仁也正是为了维护礼，仁的具体内容是由礼的要求来规定，离开礼，仁就无所依托。仁是内在的，礼是外在的。一内一外，互为表里，紧密结合不可分。只有把《论语》不同章句的不同论述联系起来理解，才能得到全面的认识。看到一面，忽略了另一面，就会陷入片面性。"❶

又参见李泽厚："这又是《论语》中最重要的篇章之一。强调孔子中心思想是'礼'的，常引此为据。但什么是'克己复礼'？什么是'克己'？大有异说。——'克己复礼'（有关行为）为什么是'仁'（有关心理）？理学直接把'克己复礼'归结为道德克胜私欲的心性问题，虽深入一层，却未免狭隘。视听言动，明明是有关行为举

---

❶　钱逊：《论语浅解》，北京古籍出版社1988年版，第187页。

止，即礼的‘仪文’实践，礼及理（理性）正是通过这种种仪文实践活动而非通过思辨、语言、心性追求而建立（就群体或个体言均如此）。其次，这也说明孔子将实践外在礼制化作内心欲求，融礼欲于一体而成为情（人性，即仁）的具体过程。‘仁’不是自然人欲，也不是克制或消灭这‘人欲’的‘天理’，而是约束自己（克己），使一切视听言动都符合礼制（复礼），从而产生人性情感（仁）。具体‘约束’可以随时代社会环境而变化、增删、损益，但人性（仁）须经人文（礼）的培育，却普遍而必然。拙著《批判哲学的批判》等书曾指出，儿童也以‘不能作什么’来约束、规范自然人欲（如对食物的欲望），这其实就是人性教育的开始。所以，对成人来说，是‘为仁由己’，由自己决定、主宰、生发出这约束自己的‘四勿’（即道德自律），而通向和达到一种‘归仁’的超道德的人生境界（对个人说）和社会境界（就群体说）。旧注把‘归仁’解释作‘称仁’（‘大家都称许你是仁人了’）未免浅薄。‘天下归仁’有社会回到美好的远古时代去的意思。远古‘人心淳朴，世道清明’，正是孔子的社会政治理想。”❶

---

❶　李泽厚：《论语今读》，生活·读书·新知三联书店2004年版，第317—318页。

12.2　仲弓问仁。子曰："出门如见大宾，使民如承大祭。己所不欲，勿施于人。在邦无怨，在家无怨。"仲弓曰："雍虽不敏，请事斯语矣。"

今译

仲弓问怎样做到仁。孔子说："出门办事如同会见贵宾，使用民众如同承担重大祭祀。自己不想要的，不要强加给别人。在诸侯国里做事没有怨言，在贵族家里做事没有怨言。"仲弓说："我虽然不聪明，请让我按你说的这些话去做。"

解读

仁的含义多，层次多。孔子对不同弟子，在不同场合有不尽相同的解答。本章孔子从四个方面回答了怎样做到仁的问题：一是出门办事要"敬慎"；二是役使民众要"敬畏"；三是社交要"宽恕"；四是从政要"任劳任怨"。"宽恕"是仁的本质特征，"己所不欲，勿施于人"是恕道的基本原则，也是仁道的基本原则。孝道、忠道、恕道、仁道，有对象的差别、层次的差别，但在本质上是相近或相同的，即都要有敬诚之心、忠信之心、同情之心。参见李泽厚："又是对'仁'的另一种具体回答，都有关具体实践行为。《论语》中学生问仁甚多，可见'仁'乃孔子之重点和新说。所答各不相同，大都涉及实在。'己所不欲，勿施于人'至今仍为习用成语，与《圣经》己所欲，施于人，交相对映。《圣经》乃情爱的宗教观，主动、热情、舍己救人，而较难做到。《论语》乃实用理性的人性观，节制、冷静，而较易遵循。可惜以前只将它作为个人修养用，其实它正可作为现代社会某种公共道德的传统资源，即个体均生活在一个平等、独立、以契约关系为原则的群体环境中，尊重别人即尊重自己，这甚至可以无关个人的修养，而直是一种社会规约，此即社会性道德之由来。"❶

12.3　司马牛问仁。子曰："仁者，其言也讱。"曰："其言也讱，斯谓之仁已乎？"子曰："为之难，言之得无讱乎？"

今译

司马牛问怎样做到仁。孔子说："仁人，他的言语谨慎。"又问："言语谨慎，这就能称为仁吗？"孔子说："做

---

❶ 李泽厚：《论语今读》，生活·读书·新知三联书店2004年版，第317—318页。

到仁很难，言语能不谨慎吗？”

解读

慎言，是仁的具体体现，也是践行原则。参见李泽厚："因为司马牛'多言而躁'，所以孔子特别针对这一缺点而言。但'君子欲讷于言''刚毅木讷，近仁'是孔子一贯主张。言在儒门即是行动本身，所以《论语》一书多次强调慎言、讷于言，等等。而语言之所以即是行动，在于它直接引出严重后果，它之所以具有此种严重性甚至神圣性，其源又仍出于巫术。巫术之咒语即如是也。否则较难解释为何如此重语言。它与西方语言只是描述或引发行动，并非行动本身，颇不相同。" ❶

13.27 子曰："刚、毅、木、讷，近仁。"

今译

孔子说："刚强、坚毅、质朴、谨慎，接近仁。"

---

❶ 李泽厚：《论语今读》，生活·读书·新知三联书店2004年版，第322页。

仁是全德，包含多种优良品德。这里强调了四种。在其他篇章，也有相近含义的阐发。

17.8　子曰："由也，女闻六言六蔽矣乎?"对曰："未也。""居，吾语女。好仁不好学，其蔽也愚。好知不好学，其蔽也荡。好信不好学，其蔽也贼。好直不好学，其蔽也绞。好勇不好学，其蔽也乱。好刚不好学，其蔽也狂。"

今译

孔子说："仲由啊，你听说过六种品德和六种蔽病吗?"答说："没有。""坐下，我告诉你。爱好仁不爱好学习，其缺陷是愚蠢。爱好聪明不爱好学习，其缺陷是浮躁。爱好诚信不爱好学习，其缺陷是轻信。爱好正直不爱好学习，其缺陷是尖刻。爱好勇敢不爱好学习，其缺陷是好斗。爱好刚强不爱好学习，其缺陷是狂妄。"

解读

仁所包含的各种优良品德，要通过全面学习，融通体会，互相兼顾，才能避免顾此失彼，走向极端。参见李泽厚："六种都是好品德，但如果不加强学习，善于运用，仍然有重大弊病。只仁爱可以成为愚蠢，逞聪明可以随意放荡，讲信任反而坏事，等等，诚经验之谈，非常实用，是现实地处理人际关系和培育人性状态的实用教导。这才是儒学精神。"❶

17.21　宰我问："三年之丧，期已久矣。君子三年不为礼，礼必坏；三年不为乐，乐必崩。旧谷既没，新谷既升，钻燧改火，期可已矣。"子曰："食夫稻，衣夫锦，于女（汝）安乎？"曰："安。""女（汝）安，则为之。夫君子之居丧，食旨不甘，闻乐不乐，居处不安，故不为也。今女（汝）安，则为之。"宰我出。子曰："予之不仁也！子生三年，然后免于父母之怀。夫三年之丧，天下之通丧也。予也有三年之爱于其父母乎？"

今译

宰我问："三年丧期时间太长了。君子三年不习礼，礼一定会生疏；三年不奏乐，乐一定会忘记。旧谷吃完，

❶ 李泽厚：《论语今读》，生活·读书·新知三联书店2004年版，第477页。

新谷上场，一季一换的取火木头已轮过一圈，一年丧期就可以了。"孔子说："吃好粮食，穿好衣服，你心安吗？"宰我说："心安。"孔子说："你心安，就那样做吧。君子在丧期，吃好的不觉得香甜，听音乐不觉得快乐，住房舒服心里不安，所以不那样做。现在你觉得心安，你就那样做吧！"宰我出去后，孔子说："宰我不仁啊！孩子出生三年后才能离开父母的怀抱。三年丧期，是天下通行的丧礼。宰我也得到他父母三年的护爱吧？"

解读

孝是基于血缘关系而产生的天赋道德，是超越功利计算的无价道德，是具有信仰心理的宗教性道德。为父母送终尽孝，不能有功利计算之心。宰我对三年丧期的认识，有功利计算之心，受到了孔子的批评。但三年丧期的践行，时间很长，后世有许多变通方式。本章中的仁、礼、君子三大概念，是《论语》讨论的核心概念。丧期主要涉及礼制问题，详见本书第四章之二17.21解读。

19.6　子夏曰："博学而笃志，切问而近思，仁在其中矣。"

今译

子夏说："广博学习又坚定志向，善于提问又善于思考，仁就在其中了。"

解读

博学笃志、切问近思，是学习仁德的方法、途径，也是体会仁德精神的修身经验。这八个字，已成传世的求学的座右铭。

第二章　孝

《论语》中以"孝"为"仁"之本。《论语·学而篇》："孝弟也者，其为仁之本与！"《管子·戒篇》："孝弟者，仁之祖也。"在孔门弟子和管子学派的认识中，孝是仁的根本，是产生仁的根源。《论语》在汉代提升到"经"的高度，但汉代主张"以孝治天下"，非"以仁治天下"。

仁的目标高远，须从现实道德努力，逐步实现。孝是继承先辈生生不息、代代相传的传统道德，也是《论语》讨论的现实道德。孔门弟子以孝作为孔子倡导的理想道德"仁"的基础，在理论上找到了理想道德与现实道德相互结合的生命根源、社会根源、政治根源、文化根源和历史根源。

《孝经》在中国历史上，长期是儿童发蒙识字的课本，是流传最广、影响最大的古籍之一。据专家考证：《孝经》这一名称，在战国时甚至在最早成书时已经有之，并不是后代将它奉为经典后才加上去的。[1]

当代著名学者赵复三给《儒家孝道》[2]写序："人所遇到的问题，归根到底，首先是人的问题，是人在生命中的问题，是人在变化多端的世界面前感到迷惘而产生的问题。世界的变化总是走在人的认识的前面，人总是落

❶ 胡平生：《孝经译注》，中华书局1996年版。
❷ 高望之：《儒家孝道》，江苏人民出版社2010年版。

在后面，这是问也问不出究竟的问题，重要的是自己站稳脚跟。脚跟站在哪里才是站稳了呢？答案可以说，只有站在维护和帮助生命发展的方面。"著名学者楼宇烈给该书写序："儒家孝道思想的根本含义是报本、感恩。不忘报答父母养育之恩，这是人之所以为人的一个最基本的道德要求，也是人与禽兽的区别之处。我们每个人都希望自己的子女孝敬自己，那就必须从自己做起，只有你孝敬你的父母，你的子女才会孝敬你，孝道就是这样代代相传，因果不爽。因此，每一个人都应当正确认识孝道，懂得孝道在构建和谐家庭、和谐社会方面的重要意义，认真地去实践孝道。"

《论语》讨论孝的内容，分散在20余章。本书综合各章有关内容，提炼出五个方面的认识，从而进行分类今译和解读。

一、孝是血缘天赋道德

二、孝是家族核心道德

三、孝是社会普遍道德

四、孝是国家基础道德

五、孝是做人首善道德

一、孝是血缘天赋道德 〰️

2.7　子游问孝。子曰："今之孝者，是谓能养。至于犬马，皆能有养。不敬，何以别乎?"

今译

子游问如何是孝。孔子说："现今所说的孝，只是指能养活父母。就是狗马都能得到养活，不敬父母，怎样区别不同于狗马呢?"

解读

孔子说的孝，是超越经济行为的道德情感的孝，具有宗教性道德的特征，是人与动物区别的最重要的道德原则。

2.8　子夏问孝。子曰："色难。有事，弟子服其劳，有酒食，先生馔，曾是以为孝乎?"

今译

子夏问怎样做到孝。孔子说:"和颜悦色难于做到。有事时,子弟效劳,有酒食,父老享用,这样就是孝了吗?"

解读

"孝"是一种真诚的纯粹的感情,其本质是"敬",常言所谓"孝敬"。这种感情体现了最基本的"人性"。参见李泽厚《论语今读》:"孝"必须首先是一种心理情感的培养和展现。"敬"来自远古祭祖敬神的畏惧、尊敬、崇拜的感情,不只是某种仪式及外在姿态、行为的规定。所以重要的在于获得这种感情体验:这既不是外在他律的行为,也不是抽象超越的理念。"敬"虽然是感情,却清晰地融有社会理性在内。这就正是所谓"人性"。

4.18 子曰:"事父母几谏,见志不从,又敬不违,劳而不怨。"

今译

孔子说:"侍奉父母,委婉地规劝父母,见父母意向不听从规劝,又照常恭敬而不违抗,虽然担忧却不怨恨。"

解读

孝敬父母是天赋道德情感,是遵循天理,是宗教性道德原则,没有理由违抗。

二、孝是家族核心道德

2.5　孟懿子问孝。子曰："无违。"樊迟御，子告之曰："孟孙问孝于我，我对曰'无违'。"樊迟曰："何谓也?"子曰："生，事之以礼；死，葬之以礼，祭之以礼。"

今译

孟懿子问怎样做是孝。孔子说："不要违背。"樊迟给孔子驾车，孔子告诉他说："孟孙问我怎样做是孝，我回答说不要违背。"樊迟说："这是什么意思?"孔子说："父母活着的时候，要按礼侍奉他们；父母死了，要按礼埋葬他们，祭祀他们。"

解读

孝顺父母是家族的核心道德。《孝经》："夫孝，始于事亲，中于事君，终于立身。"可以对照理解这章的思想意义。后世事死如事生的丧葬祭祀传统深受这章思想的影响。

2.6　孟武伯问孝。子曰："父母，唯其疾之忧。"

今译

孟武伯问如何是孝。孔子说："父母只担心子女的疾病。"

解读

这章有不同解读。《孝经》："身体发肤，受之父母，不敢毁伤，孝之始也。"可以对照理解这章的文字意义和思想意义。李泽厚《论语今读》："从中国经验看，墨家以'薄葬''非乐'来反情，道家以'逍遥''齐物'来非情均不重视以亲子情为核心的人际情感关系，结果均失败于儒学。儒从忧而乐，忧乐相侵乃悟人生本体即在此情本身，而不必他求于彼岸，从而积极入世，自强不息，以人道配天地，始中国文化历经苦难摧残而未中断磨灭，是否也可以由此去考虑它的未来呢？"拓展了这章的思想意义。

11.22　子路问："闻斯行诸？"子曰："有父兄在，如之何其闻斯行之？"冉有问："闻斯行诸？"子曰："闻斯行之。"公西华曰："由也问'闻斯行诸？'子曰：'有父兄在。'求也问'闻斯行诸?'子曰:'闻斯行之。'赤也惑,敢问。"子曰:"求也退,故进之。由也兼人,故退之。"

今译

子路问:"听到就做吗?"孔子说:"有父兄在,怎么能听到就做呢?"冉有问:"听到就做吗?"孔子说:"听到就做。"公西华问:"子路问'听到就做吗?'老师说:'有父兄在。'冉有问:'听到就做吗?'老师说:'听到就做。'学生我感到不解,请问何故。"孔子说:"冉有退让,所以让他进取。子路冒进,所以让他退让。"

解读

在家族本位的社会,每个人都生活在一定的家族之中,是家族的一个成员,言行都要关顾家族的荣誉,关怀家族的安危,不得任意妄为,不得损害家族的核心道德。本章孔子与弟子的问答,既体现了家族本位父兄优先的道德原则,也体现了孔子因材施教,针对不同弟子的气质、胆量和才能,所给予的变通解答。

三、孝是社会普遍道德

13.18　叶公语孔子曰："吾党有直躬者，其父攘羊，而子证之。"孔子曰："吾党之直者异于是：父为子隐，子为父隐。直在其中矣。"

今译

叶公对孔子说："我的家乡有正直的人，他的父亲偷了羊，儿子作证父亲偷羊。"孔子说："我的家乡正直的人不是这样：父亲为儿子隐瞒，儿子为父亲隐瞒。正直就在其中了。"

解读

在家族本位的社会，父子关系的稳定，是家庭关系稳定的基础，也是社会关系稳定的基础。孔子提倡的"父为子隐，子为父隐"，符合社会安定有序的基本要求，不仅成为传统社会的一项道德原则，也成为一项法律原则。其正面意义影响至今，仍有价值。

1.6　子曰：“弟子入则孝，出则弟，谨而信，泛爱众而亲仁。行有余力，则以学文。”

今译

孔子说：“弟子在家遵守孝道，出门尊敬朋友，谨慎又守信用，博爱大众又对人亲近。做事有余力，就去学习文化。”

解读

把家族的核心道德孝，延伸到社会交往之中，与人交往恭敬有礼友好相待，既有利于社会关系的和谐，又有利于个人文化素质的提高。

12.5　司马牛忧曰：“人皆有兄弟，我独亡！”子夏曰：“商闻之矣：死生有命，富贵在天。君子敬而无失，与人恭而有礼；四海之内皆兄弟也。君子何患乎无兄弟也？”

今译

司马牛忧愁地说：“人都有兄弟，我独没有！”子夏说：“我听到这样的话：死生有命，富贵在天。君子恭敬而无过失，对人恭敬又有礼貌，四海之内都是兄弟。君子何必忧愁没有兄弟呢。"

解读

家族道德的核心是孝，延伸道德是悌，孝悌的基本精神是"敬"。用"敬"的精神有礼有爱地对待家族之外的所有人，就会形成"四海之内皆兄弟"的和谐社会。这是孔门弟子的美好理想，也是今人的美好理想。

1.9 曾子曰："慎终追远，民德归厚矣。"

今译

曾子说："慎重地为父母送终，追念远逝的祖先，民众的道德就归于醇厚。"

解读

力行孝道，就能提高民众的道德修养，建成和谐美好的社会。

四、孝是国家基础道德

1.2　有子曰："其为人也孝弟而好犯上者，鲜矣。不好犯上而好作乱者，未之有也。君子务本，本立而道生。孝弟也者，其为仁之本与！"

今译

有子说："一个人孝顺父母尊敬兄长，却喜好冒犯尊长的，很少有过。不喜好冒犯尊长，却喜好造反作乱的，从没有过。君子致力于根本，根本建立了相应的原则就产生了。孝悌，就是仁的根本吧！"

解读

孔子提倡的"仁"是治国安邦的理想道德，如何达到仁的目标呢？孔门弟子主张用孝悌作为仁的基础，为到达理想道德的目标，找到了社会关系的基础、现实道德的基础。

2.20　季康子问："使民敬、忠以劝，如之何？"子曰:"临之以庄则敬,孝慈则忠,举善而教不能,则劝。"

今译

季康子问:"使民众恭敬、忠诚又努力,应该如何办?"孔子说:"对民众庄重,民众就会恭敬;对父母孝慈,民众就会忠诚;推举贤能的,教育落后的,民众就会努力。"

解读

治国安邦要做到民众拥护,恭敬忠诚又努力劳作,当政者要从教育民众做起,从培育父母孝慈的现实道德做起。

2.21　或谓孔子曰:"子奚不为政?"子曰:"《书》云:'孝乎惟孝,友于兄弟,施于有政。'是亦为政,奚其为为政?"

今译

有人对孔子说:"先生为什么不参与政事?"孔子说:"《尚书》说:'孝,只有孝,又友爱兄弟,就会影响政事。'这就是参与政事,为什么只有做官才是参与政事呢?"

解读

在家族本位的时代，家族治理是国家治理的基础，是改善国家行政的基础工作。参见《礼记·大学》："身修而后家齐，家齐而后国治，国治而后天下平。"《孟子·离娄上》："天下之本在国，国之本在家，家之本在身。"

13.28　子路问曰："何如斯可谓之士矣？"子曰："切切偲偲，怡怡如也，可谓士矣。朋友切切偲偲，兄弟怡怡。"

今译

子路问道："怎样做可以称为士？"孔子说："互相切磋勉励，友爱相处，可称为士。朋友之间切磋勉励，兄弟之间友爱和顺。"

解读

士是国家的优秀人才。成为士须有朋友兄弟之间的道德修养。朋友兄弟之间的道德正是孝悌之道的延伸扩展。

13.20　子贡问曰:"何如斯可谓之士矣?"子曰:"行己有耻,使于四方,不辱君命,可谓士矣。"曰:"敢问其次。"曰:"宗族称孝焉,乡党称弟焉。"曰:"敢问其次。"曰:"言必信,行必果,硁硁然小人哉!抑亦可以为次矣。"曰:"今之从政者何如?"子曰:"噫!斗筲之人,何足算也。"

今译

子贡问道:"如何作为可称为士?"孔子说:"谨言慎行,懂得耻辱。出使四方,不辱君命,可称为士。"子贡又问:"敢问次一等的作为。"孔子说:"宗族称孝,乡党称悌的作为。"子贡再问:"敢问再次一等的作为?"孔子说:"言必信,行必果,固执蛮干的是小人啊。"子贡又问:"当今的执政者怎么样?"孔子说:"唉!器量狭小的人,哪里值得称道啊。"

解读

宗族称孝,乡党称悌,是成为国家优秀人才(士)的基础道德要求。更高的道德要求是行为世范,为国增光。任性蛮干的人、器量狭小的人,不能称士,也不值得称道。

8.21　子曰："禹，吾无间然矣。菲饮食而致孝乎鬼神，恶衣服而致美乎黻冕，卑宫室而尽力乎沟洫。禹，吾无间然矣。"

今译

孔子说："禹，我没有非议的话了。吃粗劣的饮食却对鬼神用尽孝道，穿破旧的衣服却用华美的衣冠祭祀，居简陋的宫室却尽力于农田水利。禹，我没有非议的话了。"

解读

禹辛苦为民，勤劳为国，恭敬祭祀，是孝之大者。受到孔子的无比尊重，高度评价。

14.40　子张曰："《书》云，'高宗谅阴，三年不言。'何谓也？"子曰："何必高宗，古之人皆然。君薨，百官总己以听于冢宰三年。"

今译

子张说："《尚书》说：'高宗守丧，三年不谈政事。'

这是什么意思?"孔子说:"不只高宗,古代的人都这样。君主故去,百官总管政事,听命冢宰三年。"

解读

以孝治国具有悠久的历史传统。有值得继承的方面,也有需要改良的方面。孔学传承不知合理变通,有的愚孝误家,有的愚忠误国。能合理变通,有的善孝兴家,有的善忠兴国。

19.18 曾子曰:"吾闻诸夫子,孟庄子之孝也,其他可能也;其不改父之臣与父之政,是难能也。"

今译

曾子说:"我听老师说过,孟庄子的孝,其他方面可能做到,他不改变父亲的臣下和父亲的政道,这是难做到的。"

解读

孝是家族社会个人的根本道德,但作为当政者的个人,则要根据国家政事的需要,对孝顺父道的履行有适当的变通。参见李泽厚《论语今读》:"孔门因抱着氏族礼制不放，仍旧强调'三年无改于父之道'，这对当时及后世早无意义。法家早就批评儒家不知时移世变，死守旧制，自然行不通。曾参派包括后世宋明理学，在高扬宗教性道德树立人性、人格方面有伟大的建树，包括理论和实践方面均如此。但在建立社会性道德及维系中国传统社会如此长久的政教体系上，却远不及子贡、子夏、荀子、董仲舒以及后世许多讲经世致用的政治家、思想家了。后面的这条线索，研究总结得很不够，以致让前者专美于前。"

五、孝是做人首善道德

1.11　子曰："父在，观其志；父没，观其行；三年无改于父之道，可谓孝矣。"

今译

孔子说："父亲在，观察儿子的志向；父亲死了，观察儿子的行为。三年不改变对父亲的孝道，可以称作孝了。"

解读

《论语》讨论孝的具体内容很多，本章强调父亲死后三年无改于父之道，才可以称为孝。宋儒认为：如不能无改于父之道，所行虽善亦不得为孝。本章讨论的孝道，古来就是做人的首善道德。

4.20　子曰："三年无改于父之道，可谓孝矣。"

今译

孔子说："三年不改变对父亲的孝道，可以称作孝了。"

解读

本章内容同1.11章后两句。三年无改于父之道，译为孝道，与三年丧制含义联系解读。《论语》中所说的"道"，要根据语境具体解读。有的地方解读为"仁道"，有的地方解读为"恕道"，有的地方解读为"政道""君道""父道""臣道"，有的地方解读为"天道""孝道""君子之道""为学之道"。

4.19　子曰："父母在，不远游。游必有方。"

今译

孔子说："父母在世，不要远游。出游必须告知方位。"

解读

孝敬父母的道德底线，是不让父母担忧。孝敬父母的道德目标，是让父母荣光。参见《孝经》转述孔子语：
"身体发肤，受之父母，不敢毁伤，孝之始也。立身行
道，扬名于后世，以显父母，孝之终也。"

4.21　子曰："父母之年，不可不知也。一则以喜，
一则以惧。"

今译

孔子说："父母的年龄，不可不知道。一方面感到喜
悦，一方面感到忧惧。"

解读

不让父母担忧是道德底线，经常挂念父母也是道德
底线。

11.5　子曰："孝哉，闵子骞！人不间于其父母昆弟
之言。"

今译

孔子说："真孝啊，闵子骞！别人不非议他父母兄弟
称赞他的话。"

解读

践行孝道，得到父母兄弟称赞，得到乡邻远近的承认，闵子骞做到了真孝，成为孔门"德行"科的优等生。被后世列入孔门十哲之中。

19.17　曾子曰："吾闻诸夫子，人未有自致者也，必也亲丧乎！"

今译

曾子说："我听老师说过，人没有自己竭尽其情的，一定是在父母亡故时才会竭尽其情。"

解读

在家族社会，孝顺父母的道德感情，重于个人的任何感情。父母亡故的悲痛感情，是人生最深沉的自然感情，也是最深沉的道德感情。

14.43　原壤夷俟。子曰："幼而不孙（逊）弟，长而无述焉，老而不死，是为贼。"以杖叩其胫。

今译

原壤放肆地坐着，对待孔子。孔子说："年幼时不知尊重他人，年长后没有可称道的作为，年老了还不死去，这真是祸害。"用手杖敲原壤的小腿。

解读

孔子提倡的仁道，一般人难于达到。仁道建立的基础孝悌之道、忠恕之道，则是一般人应当努力做到的。不努力做到的人，即减少或失去了做人的价值。

第三章　德

在《论语》中，"德"有个人修身养性磨炼品行的"为人"的含义，又有施教于民施恩于民的"为政"的含义。德奠定了《论语》讨论的理想道德和现实道德相互结合的理论基础。德在《论语》中出现的次数比仁少得多，因为德是从西周继承而来的思想概念，其内容和价值已很明确并得到公认。仁是经孔子阐发才丰富内容、提高价值的新的思想概念，成为综合性的德治思想概念，即现代学者所说的"全德"的概念。但仁的理想道德内容较多，要建立与现实道德内容为主的"孝""礼"的联系，才能发挥作用。德这个经过西周盛世践行、检验和传承的概念，帮助仁实现其价值和作用，奠定了理想道德与现实道德相互结合的理论基础。

一、德与个人
二、德与社交
三、德与从政
四、德与治国

一、德与个人

6.29　子曰："中庸之为德也，其至矣乎！民鲜久矣。"

今译

孔子说："中庸作为道德，是最高的道德！民众缺乏这种道德很久了。"

解读

在孔子的德治思想体系中，道德包含众多的概念，"中庸"是其中最重要的概念之一。"德"是具有理想道德的高度，又具有现实道德的基础的重要概念，德奠定了《论语》讨论的理想道德和现实道德相互结合的理论基础。参见李泽厚："陈淳《北溪字义》说：'凡日用间人所常行而不可废者，便是正常道理。惟平常，故万古常行而不可废。如五谷之食，布帛之衣，万古常不可改易。'今人徐复观的解释更好：'所谓庸是把'平常'和'用'连在一起，以形成新内容的。——'庸'者指'平常地行为'。因此'平常地行为'，实际是指'有普遍妥当的行为'而言。所谓'平常地行为',是指随时随地,为每一个所应实践所能实践的行为而言。——表明了孔子乃是在人人可以实践、应当实践的行为生活中,来显示人之所以为人的'人道',这是孔子之教与一切宗教乃至形而上学断然分途的大关键。'❶ 其实,此即我所谓之'实用理性'。庸,用也。'中庸'者,实用理性也,它着重在平常的生活实践中建立起人间正道和不朽理则,此'人道',亦'天道'。虽平常,却乃'道'之所在。所以孔子才有'中庸之为德,至矣乎'的赞叹。这就是最高处所。此最高处所并不在另一世界或超越此世间。"❷

7.3 子曰:"德之不修,学之不讲,闻义不能徙,不善不能改,是吾忧也。"

今译

孔子说:"道德不进修,学问不讲求,听到仁义不能前往,不善不能改正,这些都是我忧虑的。"

---

❶ 徐复观:《中国人性论史》,台北商务印书馆1982年版,第113页。
❷ 李泽厚:《论语今读》,生活·读书·新知三联书店2004年版,第185—186页。

解读

现实道德要经常修炼，才能不退步。理想道德要努力向往和追求，才能不断进步。道德修炼，道德进步，道德追求，常念于心，永无止境。在这修炼、进步、追求的过程之中，减少人生的忧虑和痛苦，享受人生的康乐和幸福，体会人生的价值和意义。

7.6　子曰："志于道，据于德，依于仁，游于艺。"

今译

孔子说："立志在道，根基在德，依靠在仁，应用在艺。"

解读

理想道德扎根于现实生活之中，与现实道德互相结合，体现在道、德、仁、艺的认识、协调和实践之中。

7.23　子曰："天生德于予，桓魋其如予何？"

今译

孔子说："天赋道德给我，桓魋能把我怎么样？"

实现仁德是一种历史使命。孔子视为一种天命。

13.22　子曰："南人有言曰：'人而无恒，不可以作巫医。'善夫！'不恒其德，或承之羞。'"

今译

孔子说："南方人有句话说：'人没有恒心，不可以做巫医。'说得好啊！'没有恒心的道德，将会承受羞辱。'"

解读

进修道德要坚持不懈，自强不息，方能进步。没有恒心，不能坚持，就会退步蒙羞。

14.4　子曰："有德者必有言，有言者不必有德。仁者必有勇，勇者不必有仁。"

今译

参见第一章之三。

解读

在孔子的德治思想体系中，仁德修养高于善于言辞，仁德的人高于勇敢的人，内在修养先于外在追求。

14.33 子曰："骥不称其力，称其德也。"

今译

孔子说："良马不称赞它的勇力，称赞它的品德。"

解读

贤才如同良马，品德优于勇力。

15.4 子曰："由，知德者鲜矣。"

今译

孔子说："仲由，认识道德的人很少啊。"

解读

在礼崩乐坏的春秋时代，西周盛世的道德失传了，孔子提倡的新的道德还没有得到社会公认。李泽厚："什么是'德'?《老子》说'先道而后德，失德而后仁。''德'在'仁'之上。孔子如何处理这二者，不很明确。'德'者，得也。看来，它是某种'仁'的成果和行为的最高品位?" ❶

---

❶ 李泽厚：《论语今读》，生活·读书·新知三联书店2004年版，第417页。

二、德与社交

4.25　子曰:"德不孤,必有邻。"

今译

孔子说:"有德的人不会孤单,一定会有亲朋好友。"

解读

认识、遵守并履行仁德的原则,就会建立良好的社交关系。这也是孔子挽救少讲道德少守道德社会的正面主张。

9.18　子曰:"吾未见好德如好色者也。"

今译

孔子说:"我没有见过爱好道德如同爱好美色的人。"

解读

在德治思想中,道德重于美色。

15.13　子曰："已矣乎！吾未见好德如好色者也。"

今译

孔子说："罢了罢了！我没有见过爱好道德如同爱好美色的人。"

解读

"好德"需要学习、修炼，"好色"出于自然本能。

17.13　子曰："乡愿，德之贼也。"

今译

孔子说："到处讨好的人，是戕害道德的人。"

解读

仁德是良善的，又是有原则的。不讲原则的社会交往，有害仁德的实现。

17.14　子曰："道听而途说，德之弃也。"

孔子说:"路上听到就沿途传播,是仁德的背弃。"

解读

仁德是有原则的,又是真实可靠的。虚假的不实的信息和传播,都是违背仁德的。

12.10 子张问崇德辨惑。子曰:"主忠信,徙义,崇德也。爱之欲其生,恶之欲其死。既欲其生,又欲其死,是惑也。"

今译

子张问怎样崇尚道德,辨识迷惑。孔子说:"主张忠信,践行礼义,是崇尚道德。爱他希望他活着,恨他希望他死去。既希望他活着,又希望他死去,是迷惑。"

解读

忠、信、义,都是崇尚道德的具体内容,既是可靠稳定的思想信念,又是必须坚持践行的道德原则。崇尚并践行道德原则,在社会交往中,就能战胜一时的感情冲动，不致迷惑铸成大错。

12.21　樊迟从游于舞雩之下，曰："敢问崇德、修慝、辨惑。"子曰："善哉问！先事后得，非崇德与？攻其恶，无攻人之恶，非修慝与？一朝之忿，忘其身，以及其亲，非惑与？"

今译

樊迟跟随孔子在舞雩台下散步，问："请问怎样做到崇尚道德、改正缺陷、辨识迷惑。"孔子说："好问题！先劳作后获取，不是崇尚道德吗？改正自己的缺点，不攻击他人的缺点，不是改正缺陷吗？一时发怒，忘记自身，也忘记自己的亲属，不是迷惑吗？"

解读

先劳后获，严以待己，宽以待人，克服恶念，战胜自我，都是践行德治思想的社交态度和行为体现。

14.34　或曰："以德报怨，何如？"子曰："何以报德？以直报怨，以德报德。"

今译

有人说："用恩德回报怨恨，怎么样？"孔子说："那用什么回报恩德呢？应用正直回报怨恨，用恩德回报恩德。"

解读

李泽厚："这是重要的孔门思想，是儒学不同于那种'报怨以德'（老子）、'舍身饲虎'（佛经）、'爱敌如友'、'右脸被打，送上左脸'（《圣经》）等教义所在。也正是实用理性的充分表现。既不滥施感情，泛说博爱（这很难做到），也不否认人情，一切以利害为准则（如法家），而是理性渗入情感中，情感以理性为原则。在这里，儒家的社会性公德（正义公平）与宗教性私德（济世救人）又是合在一起的。"❶李先生的解读，为本书关于理想道德与现实道德互相结合的解读，开阔了视野，丰富了内涵，提供了理论启发。

---

❶ 李泽厚：《论语今读》，生活·读书·新知三联书店2004年版，第404页。

三、德与从政

15.27　子曰：“巧言乱德。小不忍则乱大谋。”

今译

孔子说：“花言巧语败坏道德，小处不能忍让就会败坏大事。”

解读

参与政事或执掌政权是大谋或大事，谨慎言语、忍耐谦让是成就大事的道德修养。

19.2　子张曰：“执德不弘，信道不笃，焉能为有？焉能为亡？”

今译

子张说：“践行仁德不广大，相信道义不忠实，怎能称为有？又怎能称为没有？”

解读

从政要能践行仁德，担当道义，否则不具有从政的品质。

19.11　子夏曰："大德不逾闲，小德出入可也。"

今译

子夏说："大德不超越原则，小德有所出入是可以的。"

解读

从政执政是大德（大节），不能超越原则。日常交往是小德（小节），可以自己选择。李泽厚认为："社会性公德才算大德，宗教性私德纯属私人事务，可以有不同选择。"❶

18.5　楚狂接舆歌而过孔子曰："凤兮，凤兮！何德之衰？往者不可谏，来者犹可追。已而，已而！今之从

---

❶ 李泽厚：《论语今读》，生活·读书·新知三联书店2004年版，第515页。

政者殆而！"孔子下，欲与之言。趋而辟之，不得与之言。

今译

楚国的狂人接舆唱着歌走过，对孔子说："凤啊，凤啊！道德为何衰落了？过往的不可以谏止了，未来的还可以补救。完了，完了！当今的从政者危险了！"孔子下车，想和他交谈。接舆快步走过避开了。孔子没有能够和他交谈。

解读

春秋时代天下大乱，礼崩乐坏，道德堕落，一些智者认为从政危险，避世隐居了。这位楚国的智者奉劝：孔子过去的从政失败不可挽回了，未来还可以避免参政避免完蛋。可知，孔子周游列国，宣传德治思想，寻找从政救世的机会，是有"求仁得仁""杀身成仁"的理想追求的。

四、德与治国

2.1　子曰:"为政以德,譬如北辰,居其所而众星共之。"

今译

孔子说:"用道德治国理政,犹如北斗星,停在它的位置,众星都拱卫着它。"

解读

本章是孔子以德治国思想的形象表达。主张执政者以身作则,做践行仁德的典范,起到教育臣民的表率作用,就能达到安定天下的效果。

2.3　子曰:"道之以政,齐之以刑,民免而无耻;道之以德,齐之以礼,有耻且格。"

今译

孔子说:"用政令引导,用刑罚制裁,民众能避免犯

罪，但不感到耻辱；用道德引导，用礼制约束，民众知
道耻辱，而且遵守规则。"

解读

本章是孔子德治思想体系的最概括、最明确的表达。
政、刑、德、礼是孔子德治思想中十分重要的四大概念。
孔子认为，用政令和刑罚治理国家，不如用道德和礼制
治理国家。因为前者只能压服民众，不能教化民众。后
者既能约束民众，又能教化民众。孔子这一思想对汉代
以后的思想家、政治家影响很大，对制定法律执行法律
影响也很大。《唐律疏议》的指导思想是："德礼为政教之
本，刑罚为政教之用。"即来源于孔子的这一思想。可以
说，汉唐至明清时期，历代重要法律的制定和执行，都
受这一思想深刻的巨大的影响。

4.11 子曰："君子怀德，小人怀土；君子怀刑，小
人怀惠。"

今译

孔子说："君子关心道德，小人关心土地；君子关心
刑罚，小人关心恩惠。"

解读

治国理政的执政者与从事农业生产等一般工作的民众，分工不同，职责不同，关心的对象有所不同。在春秋时代以及之后的历代王朝，民众受文化教育的限制，受生存条件的限制，难于关心政治法律等国家事务。参见李泽厚解读："这里的君子和小人指的是国君、官吏和一般老百姓。老百姓只关心自己的土地、生活，有何不可。所处地位不同，所关心、注意便不同，理所当然，此处不宜用道德高下来解君子、小人。"❶

8.1　子曰："泰伯，其可谓至德也已矣。三以天下让，民无得而称焉。"

今译

孔子说："泰伯这个人，可以称得上有最高的道德了。三次让出执掌天下的权力，民众没有不称道他的。"

---

❶　李泽厚：《论语今读》，生活·读书·新知三联书店2004年版，第117页。

解读

泰伯是周始祖的长子，三次让位给更加贤能的三弟。孔子称赞其让贤的高尚道德品质。参见李泽厚解读："中国古代文献中关于避开'皇位'逃跑躲藏的故事便有多起，都有其真实的历史背景，不像后代抢着要坐这'大宝'之位。因远古氏族首领勤奋辛苦，无任何特权，倒的确是'为人民服务'的公仆。这就是为什么对照后世现实，儒家把理想国、乌托邦放在'复三代之盛'上，反而具有了'民主'味道。"❶

1.9　曾子曰："慎终追远，民德归厚矣。"

今译

曾子说："慎重对待父母的丧葬，怀念祭祀远去的祖先，民众的道德就会归于淳厚。"

解读

父母的丧葬，祖先的祭祀，是亲情的哀思和怀念，

---

❶　李泽厚：《论语今读》，生活·读书·新知三联书店2004年版，第224页。

是现实道德孝道的践行和传承；也是信仰的寄托和慰藉，是理想道德仁道的追求和希望。每一个人，每一家人，每一群人，都要活在现实的情义、责任和担当之中，又活在未来的希望和理想的追求之中。这就是以孝道、仁道为基础为理想的孔子的德治思想的原则和践行，也就是本文所说的德奠定了现实道德与理想道德结合的理论基础。又参见李泽厚解读："'慎终''追远'都是首先要求上层和国君去做，而'民德归厚'则说明中国大、小传统或精英文化与民间文化之间由于上行下效，渗透交融，鸿沟不大，这也是中国传统一大特色。之所以能上行下效，在于儒学一开始就重视通过'教化'，使上下协同一致。——可见儒学的观念、范畴远不是只供个体思辨的理论，而主要是供群体实践的法则。"❶

14.5　南宫适问于孔子曰："羿善射，奡荡舟，俱不得其死然。禹、稷躬稼而有天下。"夫子不答。南宫适出，子曰："君子哉若人！尚德哉若人！"

---

❶　李泽厚：《论语今读》，生活·读书·新知三联书店2004年版，第37页。

今译

南宫适向孔子请教说:"羿善于射箭,奡善于划船,都没有得到正常的死亡。大禹、后稷亲自耕种庄稼,却拥有了天下。"孔子没有回答。南宫适出了门,孔子说:"君子啊这个人!崇尚道德啊这个人!"

解读

崇尚道德胜于重视武力,这是孔子主张德治、判断君子的基本思想原则。学生南公适感悟领会了这一思想原则,所以得到孔子的大大称赞。

12.19 季康子问政于孔子曰:"如杀无道,以就有道,何如?"孔子曰:"子为政,焉用杀?子欲善而民善矣。君子之德风,小人之德草。草上之风,必偃。"

今译

季康子向孔子问怎样执政:"如果处死不守道义的人,保护遵守道义的人,怎么样?"孔子说:"你执政,哪里用杀戮呢?你想要善民众就会向善。君子的道德像风,小人的道德像草。草遇上风,一定倒伏。"

解读

治理国家，依靠执政者实行善政、推行良法，依靠执政者进行道德教化，提高民众的素质；不能依靠杀戮压服民众，不能依靠刑罚制服民众。这就是孔子德治思想的具体主张、一贯主张。明确体现在本章回答季康子的问政之中。

8.20　舜有臣五人而天下治。武王曰："予有乱臣十人。"孔子曰："才难，不其然乎？唐、虞之际，于斯为盛。有妇人焉，九人而已。三分天下有其二，以服事殷。周之德，其可谓至德也已矣。"

今译

舜有贤臣五人就安定天下了。周武王说："我有能臣十人。"孔子说："人才难得，不是这样吗？唐尧、虞舜之后，就是周武王时人才最为兴盛。能臣十人中还有一个妇女，男子只有九人而已。占有天下土地三分之二了，还称臣服事殷商。周的道德可以称作最高的道德了。"

解读

"明德慎罚"等德治思想，产生于周朝初年文王、武王和周公时代。孔子十分推崇周代的德治思想，所以把周的道德称作最高的道德。孔子为了救世，发展了周代的德治思想，提出了以"仁"为核心，包含"孝、德、礼、义、智、信、忠、恕、道"等概念的德治思想体系。产生了超越周代德治思想的内容、作用及历史影响。

16.12 齐景公有马千驷，死之日，民无德而称焉。伯夷、叔齐饿于首阳之下，民到于今称之。"诚不以富，亦祗以异。"其斯之谓与？

今译

齐景公有马千乘，死的时候，没有道德留给民众称颂。伯夷、叔齐饿死在首阳山下，直到今天还得到民众的称颂。"道德确实不靠富有，这就是不同了。"说的就是这个道理吗？

解读

国君的道德不仅靠自身修炼的品质，而且靠给民众带来恩惠。齐景公二者皆无，所以得不到民众的称颂。
伯夷、叔齐是"求仁而得仁"的"古之贤人"(《论语·述
而》)，得到历代民众称颂，也得到孔子的赞扬。

第四章 礼

"礼"是孔子德治思想的基本概念，是《论语》讨论的各种道德践行的制度保障，既有继承先辈的悠久的历史传统，又有适应现实面向未来的改良发展。礼有三类：制度的礼、习俗的礼、观念的礼。礼仪、礼制都是制度的礼。《论语》讨论的礼多是制度的礼，有成文的制度，也有惯例的制度。本书认同"礼是形式，仁是内容"的学术观点，也认同孔子"纳仁入礼"的继承和发展，并认同仁是"全德"（综合性道德）的学术观点。把孝、忠、德、恕、道、义、诚、信等道德概念置于仁、礼的核心概念范围内今译、解读。本书与诸种《论语》读本不同的是：把《论语》中所有的道德概念都整合到孔子的德治思想中讨论。礼和仁，形式和内容互相结合，两位一体，共同成为孔子德治思想的基本概念。并在今译和解读之中，注意理想道德与现实道德的特别说明，注意礼的制度功能的特别说明。

一、礼与个人道德的践行
二、礼与家庭道德的践行
三、礼与社会道德的践行
四、礼与从政道德的践行
五、礼与治国道德的践行

一、礼与个人道德的践行

1.13　有子曰："信近于义，言可复也。恭近于礼，远耻辱也。因不失其亲，亦可宗也。"

今译

有子说："诚信接近道义，诺言才能履行。恭敬接近礼制，可以远离耻辱。依靠不离亲人，才是可靠的。"

解读

信、义、恭、礼，都是孔子德治思想的重要概念。信、义是内心的道德原则，恭是行动的道德原则，礼是实现道德原则的规范制度。

1.15　子贡曰："贫而无谄，富而无骄，何如？"子曰："可也。未若贫而乐，富而好礼者也。"

今译

子贡说："贫穷却不谄媚，富有却不骄傲，这种人怎么样?"孔子说:"可以了。不如贫穷却快乐,富有却好礼的人。"

解读

富有能够践行礼制的人,高于富有却不骄傲的人。在孔子的德治思想中,践行礼制的道德原则比一般的道德表现受到更高的评价和重视。

8.8 子曰:"兴于诗,立于礼,成于乐。"

今译

孔子说:"表达靠诗,立身靠礼,完成靠乐。"

解读

诗、礼、乐,都是修身养性、立身处世的孔学内容。礼是实现诗教、乐教,培养人才的规范法则、制度保障。

9.11 颜渊喟然叹曰:"仰之弥高,钻之弥坚。瞻之在前,忽焉在后。夫子循循然善诱人,博我以文,约我以礼,欲罢不能。既竭吾才,如有所立卓尔,虽欲从之,未由也已。"

今译

颜渊深深感叹地说："仰视老师的学说，感到更高，钻研老师的学说，感到更坚实。看着在前面，瞬间落在后面。老师循序渐进善于诱导，用文献丰富我，用礼制约束我，想停却不能停。即将用尽我的才能，好像看到仁道矗立在前。虽然想跟从，却没有路径到达。"

解读

孔子教导学生的文献、礼制，是数千年华夏文化的结晶，博大精深，意旨高远。最勤奋的学生颜渊的赞叹，很好地说明了孔学的伟大高深。又参见李泽厚解读："孔子对颜回、曾参的教导特征，远超出'学优则仕'的教育目的和范围，而成为完整人格和人生境界的追求企望。这便是孔学宗教性的道德方面。它起着拯救灵魂解除尘俗的准宗教功能。作为这种老师，孔子也才获得如此崇高而近乎神秘的形象描述。"❶

17.24 子贡曰："君子亦有恶乎？"子曰："有恶。恶

---

❶ 李泽厚：《论语今读》，生活·读书·新知三联书店2004年版，第254页。

称人之恶者，恶居下而讪上者，恶勇而无礼者，恶果敢而窒者。"曰："赐也亦有恶乎？""恶徼以为知者，恶不孙以为勇者，恶讦以为直者。"

今译

子贡问："君子也有厌恶的人吗？"孔子说："有厌恶的人。厌恶说别人的坏话的人，厌恶处于下位攻击上位的人，厌恶勇猛却无礼的人，厌恶果敢却固执的人。"（孔子又）问："你也有厌恶的人吗？"（子贡说：）"厌恶不懂装懂的人，厌恶不谦让却以为勇敢的人，厌恶攻击别人自以为正直的人。"

解读

爱、恶分明，是孔子德治思想的重要观点。其中包含践行礼制的许多道德原则。本章所说的数种厌恶的表现，涉及一些具体的道德原则，但不是根本的道德原则。

20.3 孔子曰："不知命，无以为君子也；不知礼，无以立也；不知言，无以知人也。"

今译

孔子说："不知道天命，不能够成为君子；不知道礼制，不能够自立；不知道辨别言语，不能够了解他人。"

解读

在孔子的德治思想中，"天命"是一种历史使命。认识自己历史使命的人，就超过一般常人的道德水准，达到君子的道德高度。懂得并践行礼制，是个人立身的必要条件，也是完成历史使命的制度保障。又参见李泽厚从"命运"的视角解读"命"："'命也者，不知所以然而然者也'，即人力所不能控制、难以预测的某种外在的力量、前景、遭遇或结果。所以，可以说，'命'是偶然性。'不知命，无以为君子也'，就是说不懂得、不认识外在力量的这种非可掌握的偶然性（及其重要），不足于为'君子'。就人生总体来讲，总被偶然性影响着、支配着，现代社会生活更是如此。如何注意、懂得、认识、重视偶然性，与偶然性抗争（这抗争包括利用、掌握等等），从而从偶然性中建立起自己的'必然'，这就是'立命''造命'。因此不是盲目顺从、无所作为、畏惧以至崇拜必然性，而恰恰是要抓紧、了解和主动适应偶然性。——人可以自己'立命''正命''造命'，这才算是'知命'，这也才显示出人的主体性的崇高强大。因为在建立自己的命运时，总有基本原则，这原则不是动物性的自然性欲，而是人类性的宗教性道德。"❶

---

❶ 李泽厚：《论语今读》，生活·读书·新知三联书店2004年版，第535页。

二、礼与家庭道德的践行

2.5　孟懿子问孝。子曰："无违。"樊迟御，子告之曰："孟孙问孝于我，我对曰无违。"樊迟曰："何谓也？"子曰："生，事之以礼；死，葬之以礼，祭之以礼。"

今译

参见第二章之二2.5。

解读

依照礼制奉养父母，安葬父母，祭祀父母，这是践行家庭道德的基本原则。基本原则是"大德"，是不能违背的。

3.4　林放问礼之本。子曰："大哉问！礼，与其奢也，宁俭。丧，与其易也，宁戚。"

今译

林放问礼的精神是什么。孔子说："大问题！礼制，与其奢侈，宁可俭朴。丧事，与其形式周全，宁可内心悲哀。"

解读

礼是践行道德原则的制度、形式，奢侈、俭朴、悲哀体现家庭道德的内在精神。道德精神高于礼制形式。所以，孔子称赞林放提出了"大问题"。参见《礼记·檀弓上》"子路曰：'吾闻诸夫子：丧礼，与其哀不足而礼有余也，不若礼不足而哀有余也。祭礼，与其敬不足而礼有余也，不若礼不足而敬有余也。'"

16.13 陈亢问于伯鱼曰："子亦有异闻乎？"对曰："未也。尝独立，鲤趋而过庭，曰：'学诗乎？'对曰：'未也。''不学诗，无以言。'鲤退而学诗。他日又独立，鲤趋而过庭，曰：'学礼乎？'对曰：'未也。''不学礼，无以立。'鲤退而学礼。闻斯二者。"陈亢退而喜曰："问一得三，闻诗，闻礼，又闻君子之远其子也。"

今译

陈亢向伯鱼问道："你听到先生有特别的教导吗？"伯鱼回答说："没有。一次先生独自站在庭院中，我快步走过庭院，先生问：'学诗了吗？'我回答说：'没有'。他说：'不学诗，不懂说话。'我回去就学诗。另一天先生又独自站在那里，我快步走过庭院，先生问：'学礼了吗？'我回答说：'没有。'他说：'不学礼，不能自立。'我回去就学礼。就听到这两次教导。"陈亢回去高兴地说："问一个问题得到三个收获，听到学诗，听到学礼，又听到君子不偏爱自己的儿子。"

解读

学诗，学礼，是孔子教育学生的主要内容，也是教育儿子的主要内容。孔子教育儿子和教育学生，在内容上是一致的，在情感上、态度上也是一致的。孔子建立了诗、礼为主要内容的教育原则，也树立了诗、礼教育子弟的典范，影响了后世诗、礼传家的文化教育传统的形成和传扬。

17.21　宰我问："三年之丧，期已久矣。君子三年不为礼，礼必坏；三年不为乐，乐必崩。旧谷既没，新谷既升，钻燧改火，期可已矣。"子曰："食夫稻，衣夫锦，于女（汝）安乎？"曰："安。""女（汝）安，则为之。夫君子之居丧，食旨不甘，闻乐不乐，居处不安，故不为也。今女（汝）安，则为之。"宰我出。子曰："予之不仁也！子生三年，然后免于父母之怀。夫三年之丧，天下之通丧也。予也有三年之爱于其父母乎?"

今译

参见第一章之四 17.21。

解读

为父母守丧三年，源于古老的孝道和礼制。孝是基于血缘关系而产生的天赋道德，是超越功利计算的无价道德，是具有信仰心理的宗教性道德。为父母送终尽孝，不能有功利计算之心。宰我对三年丧期的认识，有功利计算之心，所以受到孔子的严厉批评。但三年丧期的礼制，时间很长，难于长期坚持，后世遂有许多变通方式。

参见李泽厚对本章的解读："孔子的贡献在于将外在礼制（规范）变为内在心理（情感），此核心情感却非宗教性的'畏''敬''庄'等等，而是以亲子关系为核心的'孝—慈'。汉代将此思想制度化甚至法律化，便逐渐积淀而成深层文化心理结构。儒法互用和儒道互补却总以儒为主，即因以'孝慈'为核心的情感心理始终为主之故。它得到了农业家庭小生产的社会根基的长久支持。"❶

---

❶ 李泽厚：《论语今读》，生活·读书·新知三联书店2004年版，第488页。

三、礼与社会道德的践行

1.12　有子曰："礼之用，和为贵。先王之道，斯为美。小大由之。有所不行，知和而和，不以礼节之，亦不可行也。"

今译

有子说："礼制的运用，以和谐为可贵。先王的理想，以和谐为美好。小大之事都服从此理想。有不能运用的地方，为和谐而和谐，不用礼制约束，也是不可行的。"

解读

参见钱逊："提倡和谐、协调，是孔子思想的重要特点之一，也是中庸思想的一个方面。这一章既强调礼的运用以和为贵，又指出不能为和而和，要以礼节之，可见他所提倡的和也不是无原则的调和，值得注意。"[1]

又参见李泽厚："'礼治'不同于'刑政'，'人治'

---

[1]　钱逊：《论语浅解》，北京古籍出版社1988年版，第29页。

不同于'法治'，亦在于此，即非仅强调外在律令规范
的客观性，而重视在血缘氏族基础上人际关系的'温情
脉脉'的情感认同与和谐一致。如何在现代法治的政治
社会体系中，尽可能保留一些这个方面的传统，如重协
调少诉讼多解释少判决等等，仍值得重视。这当然极难，
且影响效率，然而却是值得努力为之的某种开创方向。
也许，现在提这一方向还为时过早。"❶

3.3　子曰："人而不仁，如礼何？人而不仁，如
乐何？"

今译

参见第一章之四3.3。

解读

仁是精神，是内容，礼是制度，是形式。二者互为
表里，不可分离，共存于孔子的德治思想体系之中。仁依
靠礼才能在生活中践行，礼依靠仁才有内在的精神价值。

---

❶　李泽厚：《论语今读》，生活·读书·新知三联书店2004年版，第41页。

3.8　子夏问曰:"'巧笑倩兮,美目盼兮,素以为绚兮',何谓也?"子曰:"绘事后素。"曰:"礼后乎?"子曰:"起予者商也,始可与言《诗》已矣。"

今译

子夏问道:"'笑容美啊,眼神动人啊,白底绘上彩色啊',说的什么意思?"孔子说:"彩色绘在白底之后。"子夏说:"礼在后产生吗?"孔子说:"启发我的是你呀,从此可以和你谈诗了。"

解读

钱逊:"孔子赞扬子夏从'绘事后素'中体会到'礼后乎',就是用绘画作比喻来说明仁和礼的关系。这里包含了两个方面的意思:一方面,仁是基础,礼是在仁的基础上加以文饰;另一方面,只有有了礼的文饰,才能最后完成一幅画,所以礼也是不可少的。"❶又参见李泽厚:"'仁内礼外'从而'仁先礼后',似成定论。但此内在之'仁'又从何而来?成了大问题。——我以为,礼乃人文,仁乃人性,二者实同时并进之历史成果,人

---

❶　钱逊:《论语浅解》,北京古籍出版社1988年版,第56页。

性内容（仁）与人文仪式（礼）在源起上本不可分割：人性情感必须放置于特定形式中才可能铸成造就，无此形式即无此情感，无此'饰'即无此'欢'此'哀'此'敬'此'威'也。'礼'之可说是艺术，亦在此。由此解说孔子和仁、礼，虽不中亦不远矣。"❶

3.15　子入太庙，每事问。或曰："孰谓鄹人之子知礼乎？入太庙，每事问。"子闻之，曰："是礼也。"

今译

孔子进入太庙，每件事都询问。有人说："谁说鄹人的儿子懂礼？进入太庙，每件事都询问。"孔子听到后，说："这就是礼。"

解读

参与社会交际，虚心学习、谨慎提问，这是尊重他人的礼节。孔子重视这种日常生活中的礼节，正好说明礼制的根基存在的社会基础是具体的、现实的，不是超越生活实际的空想。

---

❶ 李泽厚：《论语今读》，生活·读书·新知三联书店2004年版，第85—86页。

3.17　子贡欲去告朔之饩羊。子曰："赐也，尔爱其羊，我爱其礼。"

今译

子贡想省去每月初一祭祀用的羊。孔子说："赐啊，你爱祭祀的羊，我爱祭祀的礼。"

解读

祭祀的信仰重于祭祀的礼仪，祭祀的礼仪重于祭祀的物品。所以，孔子批评子贡爱惜祭祀物品、损害祭祀礼仪的做法。又参见李泽厚："古代的礼文仪典以可感知的'物态化'（舞蹈、咒语、音乐、雕塑、图画、建筑、文字等）形式，在当时凝聚和呈现了那神圣不可违抗的行为规范、思想观念、情感体验和群体秩序。人们通过这些仪文形式的不断实践和反复巩固，以获得理性的内化（认识）和理性的凝聚（道德）。"❶

7.31　陈司败问："昭公知礼乎？"孔子曰："知礼。"孔子退，揖巫马期而进之，曰："吾闻君子不党，君子亦

---

❶ 李泽厚：《论语今读》，生活·读书·新知三联书店2004年版，第95页。

党乎？君取吴为同姓，谓之吴孟子。君而知礼，孰不知礼？"巫马期以告孔子。子曰："丘也幸，苟有过，人必知之。"

今译

陈司败问："昭公懂礼吗？"孔子说："懂礼。"孔子离开后，陈作揖走到巫马期前，说："我听说君子是不偏袒的，君子也偏袒吗？昭公娶吴国同姓女子，称为吴孟子。昭公懂礼，谁不懂礼呢？"巫马期将此话告诉孔子。孔子说："我真幸运，如果有过错，别人就一定知道。"

解读

同姓不婚是古代的重要礼制，昭公违背这一礼制，受到陈司败的质疑。孔子承认为昭公辩解的不当，是对传统礼制的尊崇。

12.5 "君子敬而无失，与人恭而有礼，四海之内皆兄弟也。君子何患乎无兄弟也？"

今译

"君子敬重而没有过失，待人恭敬又讲礼仪，四海之内都是兄弟，君子何必担心没有兄弟呢？"

解读

这是子夏劝说司马牛的一段话。意思是说，只要依礼践行社会交往的道德，敬重他人，恭敬待人，就会到处遇到像兄弟一样的朋友。与"德不孤，必有邻"相同思想。

14.12　子路问成人。子曰："若臧武仲之知，公绰之不欲，卞庄子之勇，冉求之艺，文之以礼乐，亦可以为成人矣。"曰："今之成人者何必然？见利思义，见危授命，久要不忘平生之言，亦可以为成人矣。"

今译

子路问怎样做完美的人。孔子说："如同臧武仲的明智，孟公绰的不贪，卞庄子的勇敢，冉求的才艺，用礼乐加以修饰，就可以做完美的人了。"又说："今天要成为完美的人何必这样做呢？只要见到利益能考虑道义，见到危难能付出生命，长期贫困不忘平生的诺言，就可以成为完美的人了。"

解读

礼、乐都是践行社会道德的制度保障，不一定能成就完美的人，但能帮助实现各种社会道德的某些价值。《论语》讨论社会道德的各种内容，常与实现道德内容的外在形式、制度保障联系思考，二者不能各自独立实现其价值。这是我们阅读《论语》文本，认识其主要概念、主要思想、主要内容时，经常应注意联系认识的关键之处。

15.18　子曰："君子义以为质，礼以行之，孙以出之，信以成之。君子哉！"

今译

孔子说："君子用义作为品质，用礼践行品质，用谦让表达品质，用诚信成就品质。这就是君子啦！"

解读

依照礼制实现仁义、谦让、诚信等社会性道德的价值，就能提高人的品质，培养出具有社会性公德的君子。参见李泽厚解读："此似可作社会性公德及制度方向解，固不同于一己修养之宗教性私德。今日之政制体系应本诸现代经济发展，诸如契约关系、个体自由、公平竞争、社会正义等原则，莫不如是，均今日生活之公共社会法规，而不必一定求其源自传统。各文化传统大有差异，但同此走向、趋势，固因物质生活、衣食住行之无可避免之现代化也。因此尽管传统各有不同，而社会之公共法规却日趋一致，所谓可求共识（共同同意）的相互重叠之部分。从而各传统文化只起某种范导性原则之作用，而使社会性公德和政制规则在共同中又略有差异。孔学儒家之教义同此。如尽量使现代生活中更具人情味，更重协调、和解、合作、互助精神，等等。而绝非'由内圣开外王'，由个体一己修养开出今日之民主自由。我始终认为，今日之民主自由建立在现代化生活基础上（以现代经济为基础），并非源自文化传统。这点似应明确。本读之所以强调区分社会性公德与宗教性私德，亦此之故，前者当有助于今日社会体制，后者则仅与个体修养有关。'信以成之'，本属宗教性私德，即来源于巫术礼仪的'诚'（言而成功），如今改为信守契约、诺言，则社会性公德矣。但原典儒学的宗教性私德又仍对今日社会性公德可起范导作用。另一方面，今日社会性道德又将逐渐影响、改变传统儒学的宗教性私德。两者处在一种相互作

用的辩证关系中。"❶

16.5　孔子曰："益者三乐，损者三乐。乐节礼乐，乐道人之善，乐多贤友，益矣。乐骄乐，乐佚游，乐宴乐，损矣。"

今译

孔子说："有益的三种喜好，有损的三种喜好。喜好用礼乐节制自己，喜好称道他人的优点，喜好多交贤良的朋友，这就有益了。喜好骄纵夸耀，喜好闲逛游荡，喜好聚餐享乐，这就有害了。"

解读

有所喜好既是自然本性的表现，也是社会道德修养的表现。孔子主张，用礼乐节制有益的喜好，克服有害的喜好。

---

❶　李泽厚：《论语今读》，生活·读书·新知三联书店2004年版，第429—430页。

四、礼与从政道德的践行

3.18　子曰："事君尽礼，人以为谄也。"

今译

孔子说："事奉国君，尽力依照礼制，人却认为是谄媚。"

解读

臣下依照礼制事奉国君，是从政道德规范的践行。但尊崇有度，不宜过分表现，落下谄媚的负面影响。

3.19　定公问："君使臣，臣事君，如之何？"孔子对曰："君使臣以礼，臣事君以忠。"

今译

鲁定公问："君主使用臣下，臣下侍奉君主，如何办？"孔子回答说："君主依照礼制使用臣下，臣下用忠诚侍奉君主。"

解读

参见李泽厚："这与汉儒接受法家影响，强调'君为臣纲'（从董仲舒到《白虎通》）以及后世'天王圣明，臣罪当诛'（韩愈）的专制政制下的君臣关系颇有不同。后世帝王对臣下、子民的欺侮凌辱，无所不至。臣下、子民必须无条件地绝对服从和接受，等等，并不符合孔子和原典儒学所主张的礼制。"❶

3.22　子曰："管仲之器小哉！"或曰："管仲俭乎？"曰："管氏有三归，官事不摄，焉得俭？""然则管仲知礼乎？"曰："邦君树塞门，管氏亦树塞门。邦君为两君之好，有反坫，管氏亦有反坫。管氏而知礼，孰不知礼？"

今译

孔子说："管仲的器量真小啊！"有人说："管仲节俭吗？"说："管仲有三处家，官员从不兼职，哪里称得上节俭？"又问："那么管仲知礼吗？"孔子说："国君建立照壁，管氏也建立照壁。国君为两国君主的友好交往，有

<hr>

❶ 李泽厚：《论语今读》，生活·读书·新知三联书店2004年版，第97页。

放置酒杯的台子，管仲也有这种台子。管仲如果知礼，还有谁不知礼呢？"

解读

管仲是大臣，超越礼制享用国君的待遇，所以受到孔子的严厉批评。但管仲为国家建立大功，为民众创造福利，又得到过孔子的高度评价。参见李泽厚："孔子批评管仲不懂'礼'，却称许管仲'仁'（见14.16、14.17）。肯定大于否定，不仅可见'仁'高于'礼'，而且造福于民的功业大德高于某些行为细节和个人小德。这与宋明理学以来品评人物偏重个人私德的标准尺度很不一样。"❶

3.26 子曰："居上不宽，为礼不敬，临丧不哀，吾何以观之哉？"

今译

孔子说："处于上位不宽容，践行礼制不敬重，面临丧事不悲哀，我凭什么看这种人呢？"

---

❶ 李泽厚：《论语今读》，生活·读书·新知三联书店2004年版，第101页。

解读

践行礼制恭敬庄重，是从政的重要道德。孔子轻视缺乏这种道德的执政者。

6.27 子曰："君子博学于文，约之以礼，亦可以弗畔矣夫！"

今译

孔子说："君子广博地学习文献，用礼制约束言行，就可以不背离原则了！"

解读

用礼制约束言行，是做人的道德原则，也是从政的道德原则。

9.3 子曰："麻冕，礼也；今也纯，俭，吾从众。拜下，礼也；今拜乎上，泰也。虽违众，吾从下。"

今译

孔子说："用麻布做帽子，这是礼制。现在用黑丝

做，节省了，我依从大家的做法。晋见国君应在堂下拜，
这是礼制。现在都到堂上拜，这是骄纵。虽违背大家的
做法，我依从在堂下拜。"

解读

改变礼的外在形式，没有改变礼的精神实质，这种
变通是可以接受的。改变礼的外在形式，有损礼的精神
实质，这种变通是不能依从的。本章旨在说明礼的原则、
精神、实质，高于礼的仪文、形式、规矩。参见钱逊：
"麻改为丝，不影响礼的实质，孔子从众。拜下改为拜
上，影响了对国君的敬，也就是影响了礼的实质，孔子
违众而从下。"❶ 又参见李泽厚："孔子对传统礼制，有坚
持有不坚持，即所谓'经'（原则性）与'权'（灵活性）。以
此例看来，涉及原则性而必须坚持的，大都属于直接联
系内心情感的行为活动。可以不必坚持的，大多是纯外
在的仪文规矩如'尔爱其羊，我爱其礼'，因废除祭祀仪
式，直接关系孝的内心情感与行为，所以必须坚持。而
'与其奢也宁易，与其丧也宁戚'，则表明一般地说纯粹
外形式的仪文并不很重要。可见，孔学原以心理情感为

---

❶ 钱逊：《论语浅解》，北京古籍出版社1988年版，第145页。

根基。" ❶

10.4　执圭，鞠躬如也，如不胜。上如揖，下如授，勃如战色，足蹜蹜如有循。享礼，有容色。私觌，愉愉如也。

今译

　　孔子（出使他国）手拿玉圭，恭敬地弯着腰，好像不能承受其重。上举如同作揖，下移如同给予，面容庄严，战战兢兢。脚步细小，直线缓行。献礼之时，面容庄重。私下会见，面容愉悦。

解读

　　孔子从政，严格践行礼制，尤其是参与外交活动的礼制。

11.1　子曰："先进于礼乐，野人也；后进于礼乐，君子也。如用之，则吾从先进。"

---

❶　李泽厚：《论语今读》，生活·读书·新知三联书店2004年版，第247页。

孔子说："先入门学习礼乐的，是质朴的人；后入门学习礼乐的，是君子。如果使用他们，我就使用先入门的人。"

解读

本章的"先进""后进""野人""君子"，各种《论语》读本，解释不一。学习"礼乐"是从政的道德修养、基本素质，这是可以有共识的。

11.26　"如其礼乐，以俟君子。"

今译

"如果是运用礼乐教化，就等待君子去实现了。"

解读

这是冉求谈从政抱负时，回答孔子的话。原话意思是说，治理小国，自己有能力发展经济，使民众富裕。但没有才能运用礼乐教化民众，只能等待更优秀的人才去实现。

12.15　子曰："博学于文，约之以礼，亦可以弗畔矣夫。"

今译、解读

同前 **6.27**。

五、礼与治国道德的践行 ～～～

2.3　子曰:"道之以政,齐之以刑,民免而无耻。道之以德,齐之以礼,有耻且格。"

今译

孔子说:"用政令引导,用刑罚制裁,民众能避免犯罪,但不感到耻辱;用道德引导,用礼制约束,民众知道耻辱,而且遵守规则。"

解读

参见本书第三章之四2.3。

2.23　子张问:"十世可知也?"子曰:"殷因于夏礼,所损益可知也。周因于殷礼,所损益可知也。其或继周者,虽百世可知也。"

今译

子张问:"今后十代可以知道吗?"孔子说:"殷代继

承夏代的礼制，所减少或增加的是可以知道的。周代继承殷代的礼制，所减少或增加的是可以知道的。后代继承周代的礼制，即使百代也是可以知道的。"

解读

参见李泽厚："'三礼'源出于远古，写定于汉代，似亦说明汉代政治仍与周礼有关，即虽行法家却仍强调'礼治'。这即是说，仍何变革总有所因承接续，绝非一穷二白起高楼。即便是'汤、武革命'，也仍是'殷因于夏礼''周因于殷礼'。——据云孔子身后，儒分为八（《韩非子》），其情不详。但至少可看出两种倾向，即以颜回、曾参为代表而于宋明理学达顶峰的心性修养的'内圣'之学，和以子贡、子张、子夏等为代表，由荀子、董仲舒以至后世许多政治家思想家讲礼制、讲事功、讲'春秋大义'（如'通三统、张三世'等等）的'外王'之学。前者是非历史甚或反历史的道德形而上学，后者是重历史重经验的社会政治思想；前者吸收了佛学禅宗，后者吸收了道家法家阴阳家，但均以儒门孔学为主。这才是儒学展开的全面图景，现代新儒家以'心性'论为儒学'神髓'、以孔孟程朱陆王为儒学'命脉'，其实片面。"❶

---

❶ 李泽厚：《论语今读》，生活·读书·新知三联书店2004年版，第74—75页。

3.9　子曰："夏礼吾能言之，杞不足征也。殷礼吾能言之，宋不足征也。文献不足故也。足，则吾能征之矣。"

今译

孔子说："夏代礼制我能说的，杞国的不足以证实。殷代礼制我能说的，宋国的不足以证实。文献不足的缘故，文献足够我能够证实夏代、殷代的礼制。"

解读

参见2.23："殷因于夏礼，所损益可知也。周因于殷礼，所损益可知也。"

4.13　子曰："能以礼让为国乎？何有？不能以礼让为国，如礼何？"

今译

孔子说："能用礼制、谦让治国吗，有什么问题呢？不能用礼制、谦让治国，礼有何用处呢？"

解读

参见《左传·襄公十三年》："让，礼之主也。""让"

是礼的精神。治理国家，在形式上依靠"礼"，在精神上依靠"让"。"让"具体表现为谦让、忍让等道德品质、道德精神。本章仍是讲治理国家的制度形式与制度精神的协调、统一问题。这也是孔子主张以德治国、以礼治国中反复强调和讨论的问题。

8.2　子曰："恭而无礼则劳，慎而无礼则葸，勇而无礼则乱，直而无礼则绞。君子笃于亲，则民兴于仁。故旧不遗，则民不偷。"

今译

参见本书第一章之二8.2。

解读

恭敬、谨慎、勇敢、正直都是良好的道德，但必须懂得礼并依礼践行，方能为民众树立榜样，有助于国家的治理。否则，就会劳而无功，造成混乱。

12.1　颜渊问仁。子曰："克己复礼为仁。一日克己复礼，天下归仁焉。为仁由己，而由人乎哉？"颜渊曰："请问其目？"子曰："非礼勿视，非礼勿听，非礼勿言，非礼勿动。"颜渊曰："回虽不敏，请事斯语矣。"

今译、解读

参见第一章之四 **12.1**。

11.26　曰："为国以礼。其言不让，是故哂之。"

今译

孔子说："治理国家，应讲礼让。子路讲话不懂礼让，所以笑他。"

解读

这是孔门师生谈论中，孔子评论子路的话。其中，孔子阐发了"为国以礼"的政治主张。"礼让"是"为国以礼"的道德原则，子路讲话不懂"礼让"，所以受到孔子批评。

13.3　子路曰："卫君待子而为政，子将奚先？"子曰："必也正名乎！"子路曰："有是哉，子之迂也！奚其正？"子曰："野哉由也！君子于其所不知，盖阙如也。名不正，则言不顺；言不顺，则事不成；事不成，则礼乐不兴；礼乐不兴，则刑罚不中；刑罚不中，则民无所错手足。故君子名之必可言也，言之必可行也。君子于其言，无所苟而已矣。"

今译

子路问："卫君等待老师去执政，老师将先做什么？"孔子说："一定先正名！"子路说："有这样做的吗，老师太迂腐了！正什么名呀？"孔子说："粗野啊，仲由！君子对自己所不知道的，采取存疑的态度。名分不正，言论就不顺当；言论不顺当，事情就办不成；事情办不成，礼乐就不能兴盛；礼乐不兴盛，刑罚就不能适中；刑罚不适中，民众就不知道怎样说话行动。所以君子确定的名分一定是可以言说的，可以言说的一定是可以践行的。君子对自己的言说，是不能苟且的。"

解读

这是孔子的德治思想表达较为系统的谈话。涉及"正名""礼乐""刑罚"等重要概念及其相互关系的阐发。"正名"是"礼乐"兴盛的政治基础；"礼乐"是维护"正名"基础、保障"刑罚"适中的制度基础；"刑罚"是维护"礼乐"制度、约束民众言行的法律措施。

又参见李泽厚："如此重'正名'，即后来法家'以名责实，循名求实'的政治统治张本，在一定意义上，法家也从孔学发展而来，孔子不说'君君臣臣父父子子'吗？这就是名实——正名问题。'名'是社会秩序、规范、礼制的具体法则，谨守不失，即可'无为'而治。儒、道、法均讲'无为而治'，均讲'名'，此'名'非语言、逻辑，乃实用政治。——谭嗣同猛烈抨击'名教'（礼教）'以名为教'。此'名'即确定社会等差级别之秩序所在，关系乎维系传统之伦理—政治。孔子要求'正名'，'君君臣臣父父子子'，即在于这样才能指导人们去正确行动（实践），此即儒家之认识论。"❶

13.4　樊迟请学稼。子曰："吾不如老农。"请学为圃。曰："吾不如老圃。"樊迟出。子曰："小人哉，樊须也！上好礼，则民莫敢不敬。上好义，则民莫敢不服。上好信，则民莫敢不用情。夫如是，则四方之民襁负其子而至矣，焉用稼？"

---

❶　李泽厚：《论语今读》，生活·读书·新知三联书店2004年版，第349页。

樊迟请教学种庄稼。孔子说:"我不如老农民。"请学种菜。孔子说:"我不如老菜农。"樊迟出去。孔子说:"小人啊,樊迟!执政者爱好礼,民众就不敢不敬。执政者爱好义,民众就不敢不服。执政者爱好信,民众就不敢不用情。如果这样,四方的民众就会背着孩子来拥戴了,哪里用学种庄稼?"

维护礼制、崇尚仁义、倡导诚信,都是孔子教导学生认识、践行的治国理政的道德原则、政治原则。樊迟不问重大原则问题,所以受到孔子的批评。

14.41　子曰:"上好礼,则民易使也。"

孔子说:"执政者重视礼制,民众就容易听使唤。"

礼制是践行道德的制度保障,执政者重视礼制就是践行治国理政的道德原则（政治原则）。参见"君子怀德""君子之德风"。

15.33 子曰："知及之，仁不能守之，虽得之，必失之。知及之，仁能守之，不庄以莅之，则民不敬。知及之，仁能守之，庄以莅之，动之不以礼，未善也。"

今译、解读

参见第一章之二 15.33。

16.2 孔子曰："天下有道，则礼乐征伐自天子出。天下无道，则礼乐征伐自诸侯出。自诸侯出，盖十世希不失矣。自大夫出，五世希不失矣。陪臣执国命，三世希不失矣。天下有道，则政不在大夫。天下有道，则庶人不议。"

今译

孔子说："天下有秩序，礼乐征伐就由天子决定。天下无秩序，礼乐征伐就由诸侯决定。自从诸侯决定，很少有十代不失败的。自从大夫决定，很少有五代不失败的。陪臣执掌国家政权，很少有三代不失败的。天下有秩序，政权就不在大夫执掌。天下有秩序，老百姓就不会抗议。"

解读

制定礼乐制度，决定战争大事，是国家的最高权力。在天下太平秩序稳定的西周时代，国家的最高执政者是天子，由天子行使国家最高权力。孔子生活的春秋时代，诸侯、大夫甚至陪臣都僭行周天子的最高国家权力，天下混乱，没有秩序。本章内容，就是孔子对春秋时代政治历史的分析总结，并提出了重建天下秩序，由天子行使国家最高权力的政治主张。参见孔子修《春秋》，提出的"大一统"的政治主张。

17.11　子曰："礼云礼云，玉帛云乎哉？乐云乐云，钟鼓云乎哉。"

今译

孔子说："礼呀，礼呀，就是贡献玉帛吗？乐呀，乐呀，就是敲击钟鼓吗。"

解读

礼制、音乐的认识、学习、交流，目的是了解、掌

握它们包含的思想内容、精神素养，实现其修身养性的
教育作用和治国安邦的政治作用。这是孔子的礼制教育
和音乐教育的宗旨，后世所称孔门"礼教"的主要组成
部分。礼品、乐器只是实现"礼教"的工具，贡献、演
奏只是形式。参见李泽厚："这章当然特别重要，指出
'礼乐'不在外表，非外在仪文、容色、声音，而在整套
制度，特别是在内心情感。即归'礼'于'仁'。这是
《论语》一书反复强调的。"❶

---

❶ 李泽厚：《论语今读》，生活・读书・新知三联书店2004年版，第479页。

第五章　君子

"君子"概念在《论语》中107次直接谈到，很多章中都间接谈到。《论语》中没有君子的抽象概念或定义。君子的含义体现在具体的日常的言行描述中，体现在与仁、孝、德、礼、忠、恕、信、义等道德准则的论述中，体现在为政治国理想的讨论中，也体现在与小人的对照评论中。小人有时指道德品质低劣的人，作贬义评价用；有时指一般的人平常的人，作中性评价用。

　　君子在《论语》中的具体含义要根据上下文语境确定，有时指道德修养良好的人，有时指权高位重的人。从政治国的君子，有时指高级官员，有时指诸侯国君或天子。《论语》中君子概念的内涵，从孔子主张道德治世的思想看，可以说，君子是道德典范。孔子说的圣人、仁人，是理想中的人物，现实中极少见到。君子则是现实中的人，经过努力就可以做到的人。《论语》中的孔子，视圣人、仁人为具有理想道德品质的人物，视君子为具有现实道德品质的人物，常自勉共勉成为君子。孔子谈君子从政之道、治国之道，也表现出想当政治导师、当君王导师的意愿。这对后世儒生当帝王师的理想，有深刻的影响。君子概念一直得到沿用，其道德典范的含义得到历代传承，对华人子孙人格的塑造，品质的培养，有着深刻的正面影响。

贯穿《论语》全文的主题是谈做人的道理。做人要做道德品质优良的君子，不要做道德品质低劣的小人。在日常生活中做君子是"为人"（立身处世），在国家事务中做君子是"为政"（治国安民）。"为人""为政"就是要实现君子之道，即建立君子的准则，实现君子的理想。《论语》从开篇谈君子好学、友善、宽容的"为人"之道，到终篇谈君子"尊五美，屏四恶"的"为政"之道，君子之道是统领《论语》思想的主题之一。重读《论语》，认识君子的概念和内容，具有两方面的意义。一是反思君子治世、道德治世的政治传统和文化传统；二是总结君子治世、道德治世，在塑造人格、培养贤才方面的思想价值和理论价值。

　　下面紧扣《论语》文本，对君子的概念和主要内容，从五个方面作出详细的今译、解读。

　　一、君子的个人道德
　　二、君子的家庭道德
　　三、君子的社交道德
　　四、君子的从政道德
　　五、君子的治国道德

一、君子的个人道德

1.1 子曰："学而时习之，不亦说乎？有朋自远方来，不亦乐乎？人不知而不愠，不亦君子乎？"

孔子说："学习了又时常练习，不是很愉快吗？有朋友从远方来，不是很快乐吗？别人不了解自己而不生气，不也是君子吗？"

解读

这是《论语》首篇首章孔子的话。各种《论语》读本解读不尽相同。有的读本仅从孔子的政治主张或学术主张的视角解读，表面看是提高了孔子讲的话的政治高度或学术高度，实际是缩小了孔子讲的话的普遍意义和普世价值。本书认为："君子"是孔子德治思想的主体，是孔子实现"为人"（立身处世）和"为政"（治国安民）理想的担当者、引领者、实现者。好学、友善、宽容是成为"君子"的前提条件、道德基础。"人不知而不愠"是每一个人成为"君子"的道德品质。这种道德品质是经过学习、巩固，又参与实践、参与社交而养成的自信、自立的品质，是培养政治道德、学术道德的基本道德（宽容）。这种基本道德（宽容）具有超越语境、超越地域、超越时代、超越宗教信仰界限、超越民族种族界限的普遍的永恒的价值。这种基本道德（宽容）具有古人所谈论的"道"的价值，具有今人所谈论的"真理"的价值。本章表达了孔子培养君子道德的基本思想。

2.13　子贡问君子，子曰："先行其言而后从之。"

今译

　　子贡问怎样成为君子，孔子说："先做想说的话，然后再说出来。"

解读

　　行先言后，不仅是孔子因材施教、劝导善于言辞的学生子贡的话，而且是孔子培养君子道德的一贯主张。参见1.14"敏于事而慎于言"。4.24子曰："君子欲讷于言而敏于行。"又见《大戴礼记·曾子立事》：君子"微言而笃行之，行必先人，言必后人。"

4.5　子曰："富与贵是人之所欲也，不以其道得之，不处也。贫与贱是人之所恶也，不以其道得之，不去也。君子去仁，恶乎成名？君子无终食之间违仁，造次必于是，颠沛必于是。"

今译

参见第一章之四4.5。

解读

君子的最高道德是"仁"，具有理想、信仰的价值。这种价值高于"富贵""贫贱"的世俗观念、现实价值。参见第一章之四。

4.24　子曰："君子欲讷于言而敏于行。"

今译

孔子说："君子要说话谨慎，做事勤敏。"

解读

参见1.14"敏于事而慎于言"。2.13"先行其言而后从之。"

6.18　子曰："质胜文则野，文胜质则史。文质彬彬，然后君子。"

今译

孔子说："质朴胜过文采就粗俗，文采胜过质朴就浮夸。文采质朴相当，可以成为君子。"

解读

质朴是道德品质，文采是艺术修饰。二者都是君子所要具备的素养。

6.27　子曰："君子博学于文，约之以礼，亦可以弗畔矣夫！"

今译

孔子说："君子广博地学习文献，用礼约束自己，也可以不背离正道了！"

解读

君子不仅要具有广博的知识，而且要遵守礼制、践行礼制，不背离正道。

11.20 子曰："论笃是与，君子者乎？色庄者乎？"

今译

孔子说："评论称为忠厚的人，是真君子呢？还是伪装的？"

解读

"忠厚"是君子的道德品质，重在实质，不在表面。听其言，观其色，还要看其行。

12.4 司马牛问君子。子曰："君子不忧不惧。"曰："不忧不惧，斯谓之君子已乎？"子曰："内省不疚，夫何忧何惧？"

今译

司马牛问什么是君子。孔子说："君子不忧愁不恐惧。"又问："不忧愁不恐惧，这就能称君子吗？"孔子说："反思内心没有愧疚，有何忧愁有何恐惧呢？"

解读

修身养性，经常反思自己的言行，做到问心无愧，就能"不忧不惧"。这是具有理想道德、具有宗教性道德的君子。参见"仁者不忧，勇者不惧"。又参见7.37"君子坦荡荡"。

12.8　棘子成曰："君子质而已矣，何以文为？"子贡曰："惜乎，夫子之说君子也！驷不及舌。文犹质也，质犹文也，虎豹之鞟犹犬羊之鞟。"

今译

棘子成说："君子的品质好就可以了，何必要仪表呢？"子贡说："可惜啊，你这样解说君子，一言出口，驷马难追。仪表如同品质，品质如同仪表。如果去掉皮毛花纹，虎豹之革如同犬羊之革。"

解读

品质是内在的道德，通过仪表体现出来。品质与仪表互相依存，相得益彰。参见6.18"质胜文则野，文胜质则史。文质彬彬，然后君子"。孔子重视君子的内在品质和外在仪表的统一。

15.32　子曰："君子谋道不谋食。耕也，馁在其中矣；学也，禄在其中矣。君子忧道不忧贫。"

孔子说："君子谋求仁道不谋求衣食。耕种田地，从中得到饥饿。学习仁道，从中得到俸禄。君子担心仁道的学习，不担心贫穷。"

参阅13.4。孔子要培养从政治国、推行仁道的君子，不培养一般的劳动者。有其理想的追求，也有轻视劳动者的旧贵族意识。

16.10　孔子曰："君子有九思：视思明，听思聪，色思温，貌思恭，言思忠，事思敬，疑思问，忿思难，见得思义。"

孔子说："君子有九种思虑：看思虑是否看明白，听思虑是否听清楚，表情思虑是否温和，态度思虑是否恭敬，言说思虑是否忠实，办事思虑是否敬重，疑惑思虑是否请教，气愤思虑是否引起麻烦，见到利益思虑是否合乎道义。"

解读

　　本章列举了君子应当遵守的多方面的礼仪规范，是严格的生活准则，也是评价君子的具体的道德标准。其社会意义和历史意义，可参见李泽厚先生的解读："'礼'确乎管得太广，也太严，连言语、脸色都管束。难怪现代国人和西方人不喜欢孔子，而倾心于一任自然的道家。——这种种具体的礼制、仪文、标准均早随时代变迁而更易，今人不必谨守传统仪文、规矩、观念（包括孔子教义在内），但由于孔子和儒学强调'礼'作为社会群体生存规范这一基本观念，毕竟不可废弃。'虽百世可知也'。"❶

　　19.4　子夏曰："虽小道，必有可观者焉，致远恐泥，是以君子不为也。"

今译

　　子夏说："即使是小的技艺，也一定有值得学习的地

---

❶　李泽厚：《论语今读》，生活·读书·新知三联书店2004年版，第463页。

方，但要达到远大的目标恐怕受到限制。因此君子不钻研小的技艺。"

解读

子夏的认识与孔子重视从政治国、轻视一般技艺的思想和主张是相同的。

19.7　子夏曰："百工居肆以成其事，君子学以致其道。"

今译

子夏说："各种工匠在制作场地完成他们的工作，君子通过学习达到仁道。"

解读

子夏所说的"君子"，致力于学习治国安民之道，与一般工匠的劳作不同。

19.9　子夏曰："君子有三变：望之俨然，即之也温，听其言也厉。"

今译

子夏说:"君子有三种变化:远处望他严肃庄重,靠近看他温和可亲,听他说话严厉不苟。"

解读

子夏热衷于"为政"之道的学习和宣讲,他所讲的君子道德是从政治国的君子道德,不是一般民众的君子道德。参见1.8"君子不重则不威"。

二、君子的家庭道德

1.2 "君子务本，本立而道生。孝弟也者，其为仁之本与!"

"君子致力于根本，根本建立了相应的原则就产生了。孝悌，就是仁的根本吧!"

这是有子所讲的君子道德，建立在家庭的核心道德"孝"的根基之上。"孝道"是"仁道"的根基，是所有道德的根基，也是君子道德的根基。

16.13 陈亢问于伯鱼曰："子亦有异闻乎?"对曰："未也。尝独立，鲤趋而过庭，曰：'学诗乎?'对曰：'未也。''不学诗，无以言。'鲤退而学诗。他日又独立，鲤趋而过庭，曰：'学礼乎?'对曰：'未也。''不学礼，无以立。'鲤退而学礼。闻斯二者。"陈亢退而喜曰："问一得三，闻诗闻礼，又闻君子之远其子也。"

今译

参见第四章之二 16.13。

解读

孔子对儿子的家庭教育，彰显了君子的家庭道德原则。古人易子而教，是为了不娇惯儿子，让儿子得到正常的教育。参见《礼记·曲礼上》"君子抱孙不抱子。"

17.21　宰我问："三年之丧，期已久矣。君子三年不为礼，礼必坏；三年不为乐，乐必崩。旧谷既没，新谷既升，钻燧改火，期可已矣。"子曰："食夫稻，衣夫锦，于女（汝）安乎？"曰："安。""女（汝）安，则为之。夫君子之居丧，食旨不甘，闻乐不乐，居处不安，故不为也。今女（汝）安，则为之。"宰我出。子曰："予之不仁也！子生三年，然后免于父母之怀。夫三年之丧，天下之通丧也。予也有三年之爱于其父母乎？"

今译

参见第一章之四 17.21。

解读

　　君子在家庭中的首要道德是为父母尽孝，遵守传统礼制，为父母送终祭祀。这是儒家的信仰，是符合人性的信仰，是具有宗教性的道德。但丧期太长，不便践行，后世有所改良。参见第四章之二17.21解读。

三、君子的社交道德

1.14 子曰:"君子食无求饱,居无求安,敏于事而慎于言,就有道而正焉,可谓好学也已。"

今译

孔子说:"君子饮食不追求饱足,居住不追求安逸,勤敏做事,谨慎说话,向有道德的人学习,从而端正自己,可以称为好学了。"

解读

君子参与社交,不是为了追求吃喝享乐和居住安逸,而是为了"就有道而正焉"。参见李泽厚:"在儒学看来,人生是艰难而无可休息的。这就是'尽伦'或'尽人事'。——只有'死'才可以有休息。这种崇高的人生责任感,便也是'生的意义'所在,这也就是孔门的所谓'学',亦即宗教性的道德修养,这也是后世接受和改造大乘佛教,强调'普度众生'、'我不入地狱谁入地狱'的思想基础,同时也可与以'拯救'为重心的基督教相比较。儒学的'拯救'也许更为'世俗'（如上述的伦常日用）更为现实（即此岸性，一个世界内），但其'拯救'精神似并不亚于宗教性。"❶

2.14　子曰："君子周而不比，小人比而不周。"

今译

孔子说："君子团结而不偏私，小人偏私而不团结。"

解读

"周而不比"是君子参与社交的应有态度，也是区别于小人的重要原则。

3.7　子曰："君子无所争，必也射乎！揖让而升，下而饮。其争也君子。"

今译

孔子说："君子与世无争，有所争，一定是参加射礼比赛的时候。参加射礼，要作揖相让升阶而饮，这样的

---

❶ 李泽厚：《论语今读》，生活·读书·新知三联书店2004年版，第44页。

竞争才是君子的竞争。"

解读

君子参与的竞争应当是有礼仪规范、道德原则的竞争。参见李泽厚："虽然孔子讲无争，后世儒者仍可以有不同意见，这应是儒学内部的宽容性。并非孔子讲的句句都是真理，孔子本人也允许学生与他讨论或争论。"❶

6.13　子谓子夏曰："女为君子儒，无为小人儒。"

今译

孔子对子夏说："你要做君子儒，不要做小人儒。"

解读

孔子希望子夏成为从政治国的君子人才，不希望他成为钻研小的技艺的一般人才。参见19.4子夏曰："虽小道，必有可观者焉，致远恐泥，是以君子不为也。"

6.18　子曰："质胜文则野，文胜质则史。文质彬

---

❶ 李泽厚：《论语今读》，生活·读书·新知三联书店2004年版，第84页。

彬，然后君子。"

今译

孔子说："质朴胜过文采就粗俗，文采胜过质朴就浮夸。文采质朴相当，可以成为君子。"

解读

君子的内在品质和外在修饰互为表里，应该兼顾适当。参见12.8译文及解读。

6.26　宰我问曰："仁者，虽告之曰，'井有仁'其从之也?"子曰："何为其然也，君子可逝也，不可陷也；可欺也，不可罔也。"

今译

宰我问："如果告诉仁德的人，'井里掉下人了'，他会跳到井里救吗?"孔子说："为什么要这样呢?君子可能去救，但不会跳入井里；君子可能受骗，但不会被迷惑。"

解读

君子既要有仁德，也要有智慧，才不会受骗，也不会被迷惑。

6.27　子曰："君子博学于文，约之以礼，亦可以弗畔矣夫！"

今译

孔子说："君子广博地学习文献，用礼约束自己，也可以不背离仁道了！"

解读

学习文献，遵守礼制，是君子不背离仁道的条件，也是君子的重要素质。

7.26　子曰："圣人，吾不得而见之矣；得见君子者，斯可矣。"

今译

孔子说："圣人，我是见不到了；见到君子就可以了。"

解读

圣人是理想社会才有的人物，君子是现实社会已有的人物。孔子是一个理想主义者，更是一个现实主义者。

7.31　陈司败问："昭公知礼乎？"孔子曰："知礼。"孔子退，揖巫马期而进之，曰："吾闻君子不党，君子亦党乎？君取于吴为同姓，谓之吴孟子。君而知礼，孰不知礼？"巫马期以告孔子。子曰："丘也幸，苟有过，人必知之。"

今译

陈司败问："昭公懂礼吗？"孔子说："懂礼。"孔子离开后，陈作揖走近巫马期，说："我听说君子是不偏袒的，君子也偏袒吗？昭公娶吴国同姓女子，称为吴孟子。昭公懂礼，谁不懂礼呢？"巫马期将此话告诉孔子。孔子说："我真幸运，如果有过错，别人就一定知道。"

解读

同姓不婚是礼制原则，也是道德原则，昭公违背了这项原则。孔子说昭公懂礼，被人指出错误。孔子虚心接受了批评，体现了君子敢于承认错误、改正错误的道德品质。

7.33　子曰："文，莫吾犹人也。躬行君子，则吾未之有得。"

今译

孔子说："学习文献，我和别人差不多。身体力行成为君子，我还没有达到。"

解读

君子不仅要努力学习文献知识，而且要努力践行文献知识。孔子认为后者更为重要，也更难做到。

7.37　子曰："君子坦荡荡，小人长戚戚。"

今译

孔子说："君子心胸宽广，小人经常忧惧。"

解读

君子常为他人考虑，无私无畏。小人常为自己考虑，多忧多惧。

9.6　"吾少也贱，故多能鄙事。君子多乎哉？不多也。"

今译

"我少年时贫贱，所以会很多卑贱的技艺。君子多能吗？不多的。"

解读

这是孔子回答有人说他"多能"的一段话。孔子心目中的"君子"，致力于从政治国大道的学习和践行，不重视一般技艺的小道。他少年时代学会很多技艺小道，是生活所迫，不是他的道德理想和政治理想。

9.14　子欲居九夷。或曰："陋，如之何？"子曰："君子居之，何陋之有？"

今译

孔子想到落后的地方居住。有人说："那里太落后了，怎么办？"孔子说："君子住在那里，还有什么落后呢？"

解读

君子可以用礼乐教化提高人们的文明素质，改变落后的地方。这是孔子坚信的思想、主张。参见15.6"主忠信，行笃敬，虽蛮貊之邦，行矣"。

10.5 "君子不以绀緅饰，红紫不以为亵服。"

今译

"君子不用黑色装饰衣服，不用红色紫色作家常服。"

解读

衣服颜色，分等使用，是礼制原则，也是道德原则。参见李泽厚："这章讲孔子穿衣服的礼制。中国以白吊丧，黑是好颜色。红、紫是君王用的贵重色彩，不能随便使用。'礼'的特点是'分'，分别各种等级秩序，以表示上下左右，尊卑贵贱。"❶

12.5 "君子敬而无失，与人恭而有礼，四海之内皆兄弟也。君子何患乎无兄弟也？"

今译

参见第四章之三 12.5。

---

❶ 李泽厚：《论语今读》，生活·读书·新知三联书店2004年版，第279页。

解读

"敬""恭"是君子结交朋友的良好态度，也是道德原则。

12.16 子曰："君子成人之美，不成人之恶。小人反是。"

今译

孔子说："君子成全人的美好，不成全人的恶劣。小人与此相反。"

解读

"成人之美，不成人之恶"是可以超越时空的道德原则。参见"己所不欲，勿施于人"。"己欲立而立人，己欲达而达人"。

12.24 曾子曰："君子以文会友，以友辅仁。"

今译

参见第一章之三12.24。

解读

通过文章学识结交朋友，体现"君子之结如水"（《礼记·表记》）的纯真的道德品质。

15.2　在陈绝粮，从者病，莫能兴。子路愠见曰："君子亦有穷乎？"子曰："君子固穷，小人穷斯滥矣。"

今译

在陈国断绝粮食，跟从孔子的人都病了，不能起来。子路面带怒色来见孔子，说："君子也有穷困的时候吗？"孔子说："君子安于穷困，小人遇到穷困就乱来了。"

解读

君子能安贫乐道，非小人可比。参见第四章之一1.15"未若贫而乐"。

15.18　子曰："君子义以为质，礼以行之，孙以出之，信以成之。君子哉！"

今译

参见第四章之三 15.18。

解读

重义、尚礼、谦逊、诚信，都是成就君子的重要道德品质。

15.19　子曰："君子病无能焉，不病人之不己知也。"

今译

孔子说："君子担心自己没有能力，不担心别人不了解自己。"

解读

君子应致力于提高自己的能力，积学待用，而不急于追求名声。参见 14.30 "不患人之不己知，患其不能也"。

15.20　子曰："君子疾没世而名不称焉。"

今译

孔子说："君子害怕死后名不传世。"

解读

君子不急于追求名声，并非不重视名声。参见《史记·孔子世家》："子曰：'弗乎弗乎！君子病没世而名不传焉。吾道不行矣，吾何以自见于后世哉？'"

15.21　子曰："君子求诸己，小人求诸人。"

今译

孔子说："君子严格要求自己，小人严格要求他人。"

解读

严以律己，宽以待人，是君子区别于小人的重要品德。

15.34　子曰："君子不可小知而大受也，小人不可大受而小知也。"

今译

孔子说:"君子不可以小处聪明,但大处能担当;小人不可以大处担当,却能小处聪明。"

解读

君子、小人各有其长,关键是用对地方。

15.37 子曰:"君子贞而不谅。"

今译

孔子说:"君子坚守正道,而不拘泥于小信。"

解读

参见钱逊:"13.20章说:'言必信,行必果,硁硁然小人哉。'14.17章说到'岂若匹夫匹妇之为谅也。'可与这一章参读。这几章说明了孔子关于'信'的一个重要思想:不能孤立地讲信,信要服从于道,也就是服从仁、礼。离开仁、礼的大原则,不问是非地讲'言必信',这是小人对信的理解,为君子所不取。"❶

---

❶ 钱逊:《论语浅解》,北京古籍出版社1988年版,第255页。

16.7　孔子曰："君子有三戒：少之时，血气未定，戒之在色；及其壮也，血气方刚，戒之在斗；及其老也，血气既衰，戒之在得。"

今译

孔子说："君子有三种警戒：少年时代，血气未定，警戒在好色；到了壮年，血气方刚，警戒在好斗；到了老年，血气已衰，警戒在贪婪。"

解读

好色、好斗、贪婪，是人性问题，也是道德问题，任何年龄阶段都要警戒。孔子强调年龄阶段，更具有针对性。

17.23　子路曰："君子尚勇乎？"子曰："君子义以为上。君子有勇而无义为乱，小人有勇而无义为盗。"

今译

子路说："君子崇尚勇敢吗？"孔子说："君子以道义为上，君子有勇敢而无道义就会作乱，小人有勇敢而无道义就会做盗贼。"

解读

孔子崇尚道义，也称赞勇敢（"义以为上"，"勇者不惧"）。道义为本，勇敢为用。在孔子的德治思想中，道义就是指仁义或礼义。

17.24　子贡曰："君子亦有恶乎？"子曰："有恶。恶称人之恶者，恶居下流而讪上者，恶勇而无礼者，恶果敢而窒者。"曰："赐也亦有恶乎？""恶徼以为知者，恶不孙以为勇者，恶讦以为直者。"

今译

参见第四章之一17.24。

解读

憎恶什么？关乎重大的社交道德，也是君子的做人准则。参见李泽厚："孔子并非好好先生或博爱大家。他有爱有恶，并非'爱一切人'，这才像活人而不是假装出来的圣贤或乡愿。"❶

---

❶ 李泽厚：《论语今读》，生活·读书·新知三联书店2004年版，第491页。

19.12　子游曰："子夏之门人小子，当洒扫应对进退则可矣，抑末也。本之则无，如之何？"子夏闻之，曰："噫！言游过矣！君子之道，孰先传焉？孰后倦焉？譬诸草木，区以别矣。君子之道，焉可诬也？有始有卒者，其惟圣人乎！"

今译

子游说："子夏的学生，担当洒扫应对的日常礼仪是可以的。这只是细微小事罢了，没有掌握礼仪的根本，这怎么行呢？"子夏听到此话，说："唉！子游的话说过头了！君子的学问，先传哪些？后传哪些？如同草木，各有区别。君子的学问，哪能曲解呢？本末都能学通践行的，只有圣人吧！"

解读

君子之道，存在于日常生活之中，存在于社会交往之中，存在于理想信念之中，需循序渐进地学习、践行。参见李泽厚："较难理解的是最后一句，'有始有卒者'。什么意思？解说甚多。有强调无所谓本末，末即是本，洒扫应对即见本体，阳明学派所谓端茶童子即是圣人。在日常生活、普通行为中即可识本体、见心性、致高明，即一胜解，但此实受佛学禅宗影响故。大多解作教学需循序渐进，先小节，后大事，先实践，后理论，先务末，后本体。或解作因材施教，区别培植。"❶

20.3　孔子曰："不知命，无以为君子也；不知礼，无以立也；不知言，无以知人也。"

今译

参见第四章之一20.3。

解读

知命、知礼、知言，是君子的社交修养，也是道德原则。本书解读"知命"，是指认识自己的历史使命，即认识自己生在什么家庭、什么国度、什么社会、什么时代，可以而且应当承担什么责任、完成什么工作、实现什么理想的自觉意识，不是指认识超出自己能力的"命运"。这与前哲时贤从"命运"的角度解读是不同的。

---

❶ 李泽厚：《论语今读》，生活·读书·新知三联书店2004年版，第516页。

四、君子的从政道德

1.8 子曰："君子不重则不威，学则不固。"

今译

孔子说："君子不庄重就没有尊严，学习就不巩固。"

解读

孔子崇仁重礼，非常重视君子的仪表容止，所以本书解"重"作"庄重"，"严"作"尊严"。只有庄重严肃地对待学习，才能巩固。"学则不固"的解说纷纭，曲解甚多，本书未取。参见李泽厚今译："孔子说：'君子不严肃、自重，就没有权威。'"解读："'不重则不威'为什么？因为此'学'仍指实践，如果不严肃认真，那么他的行为、实践便不会真正牢固，便不能'一步一个脚印地'扎实前进，而别人也不会信任、尊敬他。所以这里的'威'不作外表容貌的庄重威严解。后世好些人装出一副威严面目，道貌岸然，煞有介事，其实内心猥琐，

行为卑劣，所谓‘假道学’是也。”❶

2.12　子曰：“君子不器。”

今译

孔子说：“君子不是器具。”

解读

孔子是通才，有远大的政治抱负。他认为君子应该是通才，君子的政治使命是“为政”，应能适应不同行业的需要，不能只会一种技艺，只有单一的用途。

参见李泽厚：“‘君子不器’在中国传统社会里，是说明士大夫（以占有土地为经济来源）作为‘社会脊梁’，不是也不可能和不应该是某种专业人员。他们读书、做官和做人（道德）是为了‘治国平天下’，其职责是维系和指引整个社会的生存。”❷

11.1　子曰：“先进于礼乐，野人也；后进于礼乐，君子也。如用之，则吾从先进。”

---

❶ 李泽厚：《论语今读》，生活·读书·新知三联书店2004年版，第35—36页。
❷ 李泽厚：《论语今读》，生活·读书·新知三联书店2004年版，第62页。

参见第四章之四11.1。

本章所说的"君子"是指贵族出身的学生，后进入孔子门下学习礼乐的学生。

13.23 子曰："君子和而不同，小人同而不和。"

孔子说："君子和谐相处而不苟且认同，小人苟且认同而不和谐相处。"

"和而不同"是君子从政的道德原则，也是政治原则。具有跨越时空的思想生命力和影响力。参见钱逊："这一章与1.12'礼之用，和为贵'章说明孔子对'和'的重视。和就是使不同的事物、事物的不同的方面以及不同的意见达到和谐、协调的状态。儒家常中和连用，致中和，使事物达到中和，也是中庸的要求。"❶ 又参见李泽厚："中国哲学一直强调'和'，也即是强调'度'（处理各种差异、多元的适度），强调'过犹不及'和'中庸'，其道理是一致的，此即所谓'吾道一以贯之'。"❷

13.25　子曰："君子易事而难说也。说之不以道，不说也；及其使人也，器之。小人难事而易说也。说之虽不以道，说也；及其使人也，求备焉。"

今译

孔子说："君子容易共事，但难于得到他的喜欢。不能根据道义获得他的喜欢，他是不会喜欢的。但到君子用人之时，却能用其专长。小人共事困难，而讨他喜欢却容易。即使不根据道义讨好他，他也喜欢。但到小人用人之时，却是求全责备。"

解读

君子出于公心参与政事，故能严于律己，坚持原则，任人唯贤。小人出于私心参与政事，所以没有君子的从

---

❶ 钱逊：《论语浅解》，北京古籍出版社1988年版，第216页。
❷ 李泽厚：《论语今读》，生活·读书·新知三联书店2004年版，第370页。

政品德。

13.26　子曰:"君子泰而不骄,小人骄而不泰。"

今译

孔子说:"君子大度而不骄傲,小人骄傲而不大度。"

解读

君子与小人在从政品德方面的表现和差异。

14.6　子曰:"君子而不仁者有矣夫,未有小人而仁者也。"

今译

参见第一章之三14.6。

解读

仁是很高境界的道德品质,君子不容易达到仁的境界,小人就不可能达到。君子与小人不只是仁的道德品质高低的区别,而且是有无的区别。

14.23　子曰:"君子上达,小人下达。"

今译

孔子说:"君子追求义,小人追求利。"

解读

"上达"与"下达"是君子与小人理想追求的差别,也是道德品质的差别。参见李泽厚:"注疏解说甚多,大都以为所谓'上下'者,即义、利也。与'君子喻于义,小人喻于利'(4.6)同。"❶

14.26　子曰:"不在其位,不谋其政。"曾子曰:"君子思不出其位。"

今译

孔子说:"不在从政的职位,不谋划相应的政事。"曾子说:"君子思考政事不超出其职务范围。"

---

❶　李泽厚:《论语今读》,生活·读书·新知三联书店2004年版,第395页。

解读

在其位谋其政，严格履行职务，是君子的从政道德，也是政治素质。

14.27　子曰："君子耻其言而过其行。"

今译

孔子说："君子羞耻的是他所说的超过了他所做的。"

解读

君子重视践行超过言说。说到不能做到，是道德品质蒙羞，也是政治品质蒙羞。

14.28　子曰："君子道者三，我无能焉；仁者不忧，知者不惑，勇者不惧。"子贡曰："夫子自道也。"

今译

参见第一章之三 14.28。

解读

　　仁、知、勇的三种境界：不忧、不惑、不惧，是道德境界，也是从政境界。君子也难于全部达到。

　　15.22　子曰："君子矜而不争，群而不党。"

今译

　　孔子说："君子严正自尊而不与人争斗，合群团结而不拉帮结伙。"

解读

　　君子从政出于公心，所以能团结合作，而不结党营私。参见2.14："君子周而不比。小人比而不周。"

　　15.23　子曰："君子不以言举人，不以人废言。"

今译

　　孔子说："君子不根据善说好话荐举人，也不因人有过错而否定他说的好话。"

君子从政推荐人才，应言行并重，甚至重行胜于重言。

16.6　孔子曰："侍于君子有三愆：言未及之而言，谓之躁；言及之而不言，谓之隐；未见颜色而言，谓之瞽。"

今译

孔子说："侍奉上司有三种过失：没有问到就说，称为急躁；已经问到而不说，称为隐瞒；不看上司脸色就说，称为盲目。"

解读

本章"君子"意译为"上司"。谈下级侍奉上级的从政之道。

16.8　孔子曰："君子有三畏：畏天命，畏大人，畏圣人之言。小人不知天命而不畏也，狎大人，侮圣人之言。"

今译

孔子说:"君子有三种敬畏:敬畏天命,敬畏地位高贵的人,敬畏圣人的话。小人不知天命而没有敬畏,轻慢地位高贵的人,歪曲圣人的话。"

解读

上天赋予的使命,王公大人的权位,圣人的教导,是君子从政的信仰依靠,权力依靠,理论依靠,所以应有敬畏。参见20.3:"知命,知礼,知言"。又参见李泽厚解读:"在孔子的时代,'王公大人'虽已没有德行,但还有一种似乎是'天'授与的崇高地位,赋有神圣的职责任务,从而足可敬畏,这是巫君合一的传统。——此处三畏似均宜作'敬畏'之'畏'解。它是'敬'的极度形态。儒学伦理之所以总具有某种形上的深沉宗教意味,即来自此'畏'。'敬畏'排除了原始巫术、奇迹、神谕等等具体仪式活动,而留下其严重深厚的'宗教'情怀,这是自孔子以来的儒学重要特征之一。"❶

---

❶ 李泽厚:《论语今读》,生活·读书·新知三联书店2004年版,第461页。

17.4　子之武城，闻弦歌之声。夫子莞尔而笑，曰："割鸡焉用牛刀？"子游对曰："昔者偃也闻夫子曰：'君子学道则爱人，小人学道则易使也。'"子曰："二三子！偃之言是也。前言戏之耳。"

今译

孔子到达武城，听到演奏礼乐的声音。孔子微笑说："杀鸡何必用宰牛刀？"子游回答说："以前我听先生说：'君子学习礼乐之道就会关爱人，小人学习礼乐之道就容易使唤。'"孔子说："弟子们！子游的话是对的。我前面的话是跟他开玩笑。"

解读

礼乐之道是仁义之道的体现，是教化之道的践行。

参见第四章之五14.41："上好礼，则民易使也。"

17.7　佛肸召，子欲往。子路曰："昔者由也闻夫子曰：'亲于其身为不善者，君子不入也。'佛肸以中牟畔，子之往也，如之何？"子曰："然，有是言也。不曰坚乎，磨而不磷；不曰白乎，涅而不缁。吾岂匏瓜也哉？焉能系而不食？"

今译

佛肸邀请，孔子想去。子路说："以前我听老师说：'亲身做坏事的人，君子不到他的地方。'佛肸占据中牟地方叛乱，老师想去，这怎么说呢？"孔子说："是的，说过这话。不是说坚固的东西，磨也磨不坏吗；不是说洁白的东西，染也染不黑吗。我难道是匏瓜吗？哪能只挂着不食用呢？"

解读

从政救世，治国安民，是孔子的政治抱负。不与坏人同流合污，是君子的道德品质，也是从政品质。孔子为实现政治抱负，遇到了理想与现实难于调和的问题。

18.7 子路曰："不仕无义。长幼之节，不可废也；君臣之义，如之何其废之？欲洁其身，而乱大伦。君子之仕也，行其义也。道之不行，已知之矣。"

今译

子路说："不做官是不合乎道义的。长幼的礼节是不可废除的；君臣的道义，怎么能废除呢？想洁身自好，却破坏了重大原则。君子去做官，是为了践行道义。道义不能践行，已经知道了。"

解读

长惠幼顺，君仁臣忠，是重大的道德原则，也是重大的礼制原则。君子做官，就是为了实现这些原则，就是合乎道义、践行道义。不做官，就是不能践行道义了。在孔子的德治思想中，道义即仁义。

19.3　子夏之门人问交于子张。子张曰："子夏云何？"对曰："子夏曰：'可者与之，其不可者拒之。'"子张曰："异乎吾所闻：君子尊贤而容众，嘉善而矜不能。我之大贤与，于人何所不容？我之不贤与，人将拒我，如之何其拒人也？"

今译

子夏的学生向子张问怎样与人交往。子张说："子夏怎么说的？"回答说："子夏说：'可以交往的与他交往，不可以交往的就拒绝他。'"子张说："我所听到的不同：君子尊重贤人，又宽容众人，称赞善的而同情差的。我做到尊重贤人了，对人有何不能宽容呢？我做不到尊重贤人，别人拒绝我，我怎么能拒绝别人呢?"

解读

　　尊贤容众，是君子从政的胸怀修养，也是道德原则。子张、子夏都有从政的抱负，认真讨论了君子从政的原则问题。

五、君子的治国道德

3.24 仪封人请见，曰："君子之至于斯也，吾未尝不得见也。"从者见之。出曰："二三子何患于丧乎？天下之无道也久矣，天将以夫子为木铎。"

今译

仪地的边防官请求进见孔子，说："君子来到此地的，我没有不得进见的。"孔子的随从弟子让他进见了孔子。他出来说："各位弟子何必忧虑失掉官位呢？天下无道已经很久了，上天将用夫子作为政教的引路人。"

解读

本章通过仪地边防官之口，说明孔子及其弟子的政治使命，是改变天下无道的局面。

4.10 子曰："君子之于天下也，无适也，无莫也，义之与比。"

今译

孔子说:"君子对于天下的事,不轻易认可,也不轻易否定,只是以义作为类比判断的原则。"

解读

义是评价君子言行的重要概念,是符合仁的精神、礼的规范的道德准则。参见15.18:"君子义以为质。"17.23:"君子义以为上。"

4.11 子曰:"君子怀德,小人怀土;君子怀刑,小人怀惠。"

今译

孔子说:"君子关心道德,小人关心田土;君子关心法律,小人关心实惠。"

解读

本章"君子"指治国安民的执政者,"小人"指一般的人,作为普通民众的人。只有身份地位和责任的差别,没有道德高低含义的差别。

4.16　子曰："君子喻于义，小人喻于利。"

今译

孔子说："君子理解义，小人理解利。"

解读

执政者与普通民众的身份责任不同，对"义""利"的认知和关注也不同。参见4.11解读。

5.3　子谓子贱："君子哉若人！鲁无君子者，斯焉取斯？"

今译

孔子称赞子贱："君子啊，这个人！如果鲁国没有君子，他从哪里获得这样好的品德呢？"

解读

孔子称赞君子是具有优秀品德的人，并询问获得优秀品德的原因。

5.16　子谓子产："有君子之道四焉：其行己也恭，

其事上也敬，其养民也惠，其使民也义。"

今译

孔子评价子产："具有君子的四种品德：律己严谨，事奉君上恭敬，养护民众有恩惠，役使民众合道义。"

解读

孔子有政治抱负，有救世理想，尊重有卓越成就的政治家。对子产的评价，是对君子的概括评价，也是对"君子之道"（为政之道）的具体阐释。

8.2 子曰："恭而无礼则劳，慎而无礼则葸，勇而无礼则乱，直而无礼则绞。君子笃于亲，则民兴于仁。故旧不遗，则民不偷。"

今译

参见本书第一章之二8.2。

解读

执政者治国理政，既要带头遵纪守法，又要重视道德亲情，为民众树立榜样，民众就会听从治理。

8.4 "君子所贵乎道者三：动容貌，斯远暴慢矣；正颜色，斯近信矣；出辞气，斯远鄙倍矣。"

今译

"君子重视的礼仪有三种：严肃容貌，就能远离粗暴怠慢；端庄脸色，就能接近诚信；注意言辞语气，就能远离低俗乖戾。"

解读

这是曾子病重时，对鲁国大夫孟敬子说的话。告诫执政者应当重视的三种礼仪。参见《礼记·冠义》："礼义之始，在于正容体，齐颜色，顺辞令。容体正，颜色齐，辞令顺，而后礼义备。表记云：是故君子貌足畏也，色足惮也，言足信也。"

8.6 曾子曰："可以托六尺之孤，可以寄百里之命，临大节而不可夺也，君子人与？君子人也。"

今译

曾子说："可以托付幼小国君，可以寄托治国使命，面临重大关节而不改变志向，这样的人是君子吗？是君子啊。"

解读

　　能托付治国重任、承担治国使命、勇往直前、鞠躬尽瘁的君子，是具有崇高品格伟大抱负的君子，非寻常生活中的道德优良的君子。曾子不只赞扬修身养性的"为人"的君子，也推崇治国安民的"为政"的君子。

　　11.26　"如其礼乐，以俟君子。"

今译、解读

　　参见第四章之四 11.26。

　　12.19　季康子问政于孔子曰："如杀无道，以就有道，何如？"孔子曰："子为政，焉用杀？子欲善而民善矣。君子之德风，小人之德草。草上之风必偃。"

今译、解读

　　参见第三章之四 12.19。

　　13.3　子路曰："卫君待子而为政，子将奚先？"子曰："必也正名乎！"子路曰："有是哉，子之迂也！奚其正?"子曰:"野哉由也!君子于其所不知,盖阙如也。
名不正,则言不顺;言不顺,则事不成;事不成,则礼
乐不兴;礼乐不兴,则刑罚不中;刑罚不中,则民无所
错手足。故君子名之必可言也,言之必可行也。君子于
其言,无所苟而已矣。"

今译、解读

参见第四章之五13.3。

14.5　南宫适问于孔子曰:"羿善射,奡荡舟,俱不
得其死然。禹、稷躬稼而有天下。"夫子不答。南宫适
出,子曰:"君子哉若人!尚德哉若人!"

今译、解读

参见第三章之四14.5。

14.42　子路问君子。子曰:"修己以敬。"曰:"如斯
而已乎?"曰:"修己以安人。"曰:"如斯而已乎?"曰:
"修己以安百姓。修己以安百姓,尧、舜其犹病诸。"

　　子路问怎样成为君子。孔子说:"修炼自己做到敬慎为人。"子路说:"像这样就够了吗?"孔子说:"修炼自己做到安抚他人。"子路说:"像这样就够了吗?"孔子说:"修炼自己做到安定百姓。修炼自己做到安定百姓,尧、舜都怕做不到呢。"

　　子路虽然粗鲁,但有问题必寻根究底,要知道最好的答案。孔子爱此弟子,层层递进解答,揭示出从修身君子成为治国君子的最高标准。

　　16.1　孔子曰:"求,君子疾夫舍曰欲之而必为之辞。丘也闻有国有家者,不患寡而患不均,不患贫而患不安。盖均无贫,和无寡,安无倾。夫如是,故远人不服,则修文德以来之。既来之,则安之。"

　　孔子说:"冉求,君子痛恨隐藏欲望而尽力寻找托词。我也听说,诸侯国和大夫家,不担心财富少而担心不平均，不担心贫穷而担心不安定。因为财富平均了就没有觉得贫穷，社会和谐了就没有觉得财富少，国家安定了就没有颠覆的危险。如果做到这样，远方的人还不归顺，就发展礼乐教化吸引他们来归顺。既然来归顺了，就安抚他们。"

解读

这是《论语·季氏》16.1的节录。本章孔子向学生冉求阐发了君子治国安民的若干重要思想和重大原则。这些政治主张影响后世，流传至今。参见李泽厚："这是《论语》中非常有名、字数最长的篇章之一。'不患寡而患不均，不患贫而患不安'，已成流行语，这在远古氏族社会以致农业社会或不无道理，但从后世儒生的'复井田'主张到新时代的'一大二公'的实践，各从分配着眼的农业社会主义和平均主义均假此语以行，造成的却只是灾难。"❶

18.10　周公谓鲁公曰："君子不施其亲，不使大臣怨乎不以。故旧无大故，则不弃也。无求备于一人。"

---

❶ 李泽厚：《论语今读》，生活·读书·新知三联书店2004年版，第453页。

今译

周公对鲁公说:"君子不疏远他的亲族,不使大臣怨恨不受重视。亲朋老友没有严重过错,就不遗弃。不求全责备任何一个人。"

解读

本章《论语》特别记下周公所谈君子治国之道,也是孔子及其弟子尊崇的君子之道。

19.10 子夏曰:"君子信而后劳其民,未信则以为厉己也。信而后谏,未信则以为谤己也。"

今译

子夏说:"君子得到信任,然后才能役使民众,没有得到信任,就会认为是虐待自己。君子取得信任,然后才能直言规劝,没有取得信任,就会认为是诽谤自己。"

解读

"信"是孔子德治思想的重要概念,是践行仁义礼乐的社会基础。子夏所言君子治国之道,国君、臣下、民众都要建立互信关系，方能取得成效，是孔子德治思想的具体化。

19.20　子贡曰："纣之不善，不如是之甚也。是以君子恶居下流，天下之恶皆归焉。"

今译

自贡说："纣王的不善，不像传说的那样严重。所以君子害怕处于下流，天下的坏处都会归于下流。"

解读

君子治国，要时时敬慎庄重，不能放任自己。否则，恶名流传，功业难传。

19.21　子贡曰："君子之过也，如日月之食焉。过也，人皆见之，更也，人皆仰之。"

今译

自贡说："君子的过错，如同日食月食。他的过错，人们都能看到，改正了过错，人们都敬仰他。"

解读

君子治国，不掩盖过错，公开改正过错，就能得到民众的信任拥护。

19.25　陈子禽谓子贡曰："子为恭也，仲尼岂贤于子乎?"子贡曰："君子一言以为知，一言以为不知，言不可不慎也! 夫子之不可及也，犹天之不可阶而升也。夫子之得邦家者，所谓立之斯立，道之斯行，绥之斯来，动之斯和。其生也荣，其死也哀，如之何其可及也?"

今译

陈子禽对子贡说："你是谦恭吧，仲尼难道比你贤明吗?"自贡说："君子一言可以是明智，一言可以是不明智，说话不可不慎重啊! 夫子的不可高攀，犹如天不可从台阶高攀。夫子如果从政治国，就像所说的要立就能立住，引导就能使民众跟着走，安抚就能使远人来归，实行了就能天下和谐。他的一生光荣，他的逝去天下哀痛，怎能达到夫子的高度呢?"

解读

　　子贡阐发了孔子的从政治国之道，也是崇高的伟大的君子之道，远远超越了个人修身养性、立身处世的君子之道。

　　20.2　子张问于孔子曰："何如斯可以从政矣？"子曰："尊五美，屏四恶，斯可以从政矣。"子张曰："何谓五美？"子曰："君子惠而不费，劳而不怨，欲而不贪，泰而不骄，威而不猛。"子张曰："何谓惠而不费？"子曰："因民之所利而利之，斯不亦惠而不费乎？择可劳而劳之，又谁怨？欲仁而得仁，又焉贪？君子无众寡，无小大，无敢慢，斯不亦泰而不骄乎？君子正其衣冠，尊其瞻视，俨然人望而畏之，斯不亦威而不猛乎？"子张曰："何谓四恶？"子曰："不教而杀，谓之虐。不戒视成，谓之暴。慢令致期，谓之贼。犹之与人也，出纳之吝，谓之有司。"

今译

　　参见第一章之二20.2。

解读

　　"尊五美，屏四恶"，是孔子治国安民的重要主张，也是衡量君子治国道德的政治原则和法律原则，对汉代以后的政治思想和法律解释有直接而深刻的影响。李泽厚《论语今读》："《论语》也似可分为'问仁'与'问政'两大项目，前者多讲个体修养，后者多讲政务体制。由于两者在当时交织一片，修齐治平浑然未分，影响后世也至深且巨。至今仍崇奉'由内圣开外王'即其一。本读强调今日'内圣''外王'应予分开，个体修养（宗教性道德）与政治事务（社会性公德）应分途发展，前者最多只起范导作用，即以'心理本体'影响'工具本体'的构建，亦即我所谓的'新内圣外王之道'。总之，旧的'内圣外王'适于助成伦理、宗教、政治三合一，亦君师合一；新内圣外王则强调伦理、宗教与政治分途而且甚至连这种范导作用也可以没有。因世界日趋接近，地球村在缩小，各文化之间的'公约数'即作为'地球公民'所共同履行遵守的'社会性公德'，日益增大，它可以与各种文化传统、古典渊源相对脱钩，才好通行。"❶

---

❶　李泽厚：《论语今读》，生活·读书·新知三联书店2004年版，第534页。

第六章 为学之道

《论语》的主题思想是讨论"为人"（修身养性）、"为政"（治国安民）的道理。君子是"为人""为政"的践行者，所以，《论语》的主题思想也是讨论"君子之道"。而践行"为人""为政"的"君子之道"，要真诚地学习、不断地学习，所以，"为学之道"也是贯穿于《论语》的主题思想。本书从为学阶段、交友助学、择师学习、分科学习、启发学习、重复学习等方面，今译、解读《论语》讨论的"为学之道"。

一、为学阶段

2.4 子曰："吾十有五而志于学，三十而立，四十而不惑，五十而知天命，六十而耳顺，七十而从心所欲不逾矩。"

今译

孔子说："我十五岁立志学习，三十岁学有所成，四十岁不受迷惑，五十岁知道天赋的使命，六十岁能接受各种不同意见，七十岁能自由探索却不超越原则。"

解读

这是《论语》中流传最广的篇章之一。这是孔子的自传，是历史上字数最少的自传之一。其内涵博大精深，历代注家众说纷纭。

三十而立，收入《中国成语大辞典》，早已成为汉语文明中说明一个人成熟的年龄标志。四十不惑，五十知天命，六十耳顺，也是汉语中的准成语，经常得到引用，说明相当年龄的成长状况。

　　孔子这一自传，不只是说明了他本人的成长经历和亲身体悟，而是揭示了相同年龄人的成长规律和认识规律。从而得到了共鸣，得到了普遍引用。这也是孔子思想中的精华具有超越时代、超越民族、超越宗教、超越国家的价值体现。

二、交友助学

1.8　子曰:"君子不重则不威,学则不固。主忠信,无友不如己者,过则勿惮改。"

16.4　孔子曰:"益者三友,损者三友。友直,友谅,友多闻,益矣。友便辟,友善柔,友便佞,损矣。"

今译

孔子说:"君子不庄重就没有尊严,所学就不巩固。以忠信为原则,不要跟不如自己的人交朋友,有了过错不要害怕改正。"

孔子说:"有益的朋友有三种,有害的朋友有三种。朋友正直,朋友宽厚,朋友见识广博,这是有益了。朋友伪善,朋友奸诈,朋友虚假,这是有害了。"

解读

1. 孔子谈交友之道的话很多。争议最多的是《论语·学而》:"无友不如己者",多译为:"不要跟不如自己的人交朋友。"前人已提出疑问:人人都想和胜过自己的人交朋友，还能交到朋友吗？

钱穆认为："此章绝非教人计算所友之高下优劣，而定择交之条件。孔子之教，多直指人心。苟我心常能见人之胜己而友之，即易得友，又能获友道之益。人有喜与不如己者为友之心，此则大可戒。说《论语》者多异解，学者当自知审择，从异解中善求胜义，则见识自可日进。"❶

李泽厚认为："'无友不如己者'，作自己应看到朋友的长处解。即别人总有优于自己的地方，并非真正不去交接不如自己的朋友，或交朋友都应超过自己。如是后者，在现实上不可能，在逻辑上作为普遍原则，任何人将不可能有朋友。所以它只是一种劝勉之辞。"❷

李零教授提出看法："很多人都认为，这有损孔子的形象，所以曲说很多。他们说，这话的本意不是这个意思，完全相反，'无友不如己者'，其实是说，没有哪个朋友不如你，个个都有长处，全值得你学习，不但没有一点骄傲，还透着满肚子的谦虚。比如南怀瑾、李泽厚，他们就这样解释。"❸他从刘宝楠、程树德著作所发掘的

---

❶ 钱穆：《论语新解》，生活·读书·新知三联书店2002年版，第13页。

❷ 李泽厚《论语今读》，生活·读书·新知三联书店2004年版，第36页。

❸ 李零：《丧家狗——我读〈论语〉》，山西人民出版社2007年版，第60页。

史料中，证明"孔子的说法，其实很有根据，它原来的意思，就是怕跟不如己者交朋友"。并进而认为："孔子不跟不如自己的人交朋友，这是古代的聪明人早就想到的，现在的聪明人也一样想得到。咱们设身处地替他考虑一下，他的想法倒也简单，主要是怕吃亏受累。"（同前引书）李零教授作了很多的推论解释，得出"交友也讲经济学"的结论。为了引起注意，李零教授在本篇讲解的导言中就特别指出："'无友不如己者'很有意思，历来有争论，争论比原话还有意思。大家老想保护孔夫子，但怎么也保护不好。读这段话，你可以知道，名人的苦恼在哪里。"❶

　　看了多种注译文本，都是把这句话独立出来讲，没有把这句话与前半句"主忠信"连成一句讲，得出了与原句完整意思不同的理解。仔细读，本章是由两句话组成的。前一句的意思是：君子要庄重严肃地对待学习，所学的结果才能巩固。后一句的意思是：君子要以忠信的道德为原则，不要与不讲忠信原则的人交朋友，有了过错不要怕改正。退一步说，不管本章原文中"主忠信"的前半句，独立看"无友不如己者"的意思，因是孔子

---

❶　李零：《丧家狗——我读〈论语〉》，山西人民出版社2007年版，第51页。

说的，就必须结合孔子的基本思想理解。孔子"重义轻利""罕言利"，为人为政都以德为主，交友也是以德为主。怎么能离开道德原则理解孔子这句话呢？话说回来，在本章中，孔子把"忠信"作为交友的道德原则，不讲"忠信"的人不足为友。这与讲"交友经济学"的李零教授的理解根本不在一条道上，与离开"主忠信"的前半句讲解的学者也大不相同。

2. 多种译本对有害的朋友的用词差别较大。李泽厚先生译为："朋友虚浮，朋友圆滑，朋友夸夸其谈。"如果只是"虚浮，圆滑，夸夸其谈"，这还不足以称为有害的朋友。所以，我的译文用词突出了有害的程度和性质。

李泽厚先生评议16.4章的"记"与现代新儒家的有关评论相联系，值得思考："交友之道是从对方来说的为人之道。《论语》和孔子多用这种具体而有益的经验概括来教导学生，此即儒学之宗教性道德的教育途径和内容，与今日'现代新儒家'仅以高头讲章来谈儒学之宗教性者，大有差异。拙之所以认为今日所谓'现代新儒家'（亦即'现代宋明理学'）只是宋明理学之回光返照而不足构成（或开出）新时期者，亦以此。以之徒具宋明理学之躯壳（其思辨力度、范围及水平也并未超出宋明多少），而失去其

宗教性的实践精神。于是只剩一堆哲学文章，似是玄思妙想，却与实践无关。"❶

---

❶　李泽厚：《论语今读》，生活·读书·新知三联书店2004年版，第457页。

三、择师学习

7.22 子曰："三人行，必有我师焉；择其善者而从之，其不善者而改之。"

今译

孔子说："几个人在一起走路，一定有值得我学习的老师。选择好的方面学习，不好的方面就反省自己注意改正。"

解读

1. 三人是指很少的人，不一定是实数。

2. 这是孔子"学无常师"，择善而从的求学自述，也表达了"见贤思齐，见不贤而内自省"的思想。

3. 钱穆评述："孔子之学，以人道为重，斯必学于人以为道。道必通古今而成，斯必兼学于古今人以为道。道在人身，不学于古人，不见此道之远有所自。不学于今人，不见此道之实有所在。不学于道途之人，择不见此道之大而无所不包。子贡曰：'夫子焉不学，而亦何常师之有.'可知道无不在，惟学则在己。能善学，则能自得师。本章似孔子就眼前教人，实则孔子乃观于古今人道之实如此而举以教人。"❶

---

❶　钱穆：《论语新解》，生活·读书·新知三联书店2002年版，第184页。

四、分科学习

11.3　德行：颜渊、闵子骞、冉伯牛、仲弓。言语：宰我、子贡。政事：冉有、季路。文学：子游、子夏。

在德行、言语、政事、文学四科中，颜渊不仅列名"德行"之首，而且在后世列名在众弟子之首。孔子弟子众多，成名的也多。颜渊早死，立言不多，立功极少，但名列第一。原因如下：

1. "德行"是各科的基础，最能体现孔子的德治思想，是孔子最重视的学科。

2. 颜渊对孔子的仁学思想认识最全面、最深刻。在多位弟子问仁的回答中，孔子回答颜渊的最全面。"颜渊问仁。子曰：'克己复礼为仁。一日克己复礼，天下归仁焉。为仁由己，而由人乎哉？'颜渊曰：'请问其目。'子曰：'非礼勿视，非礼勿听，非礼勿言，非礼勿动。'"（《论语·颜渊》）颜渊向孔子表明志向："愿无伐善，无施劳。"深明孔子的仁学原则，恕道精神。

3. 颜渊践行仁学思想最持久、最坚定。"子曰：'回也，其心三月不违仁，其余则日月至焉而已矣。'"（《论语·雍也》)有人向孔子了解颜渊，孔子答："仁人也，丘不如也。"（《论衡·定贤篇》）颜渊跟随孔子，周游列国，历尽艰辛，矢志不移。"子畏于匡，颜渊后。子曰：'吾以女为死矣。'曰：'子在，回何敢死。'"（《论语·先进》）相关文献记载颇多，数千载之后，读来仍感人至深。

4. 颜渊好学深思，刻苦用功，领悟力强，甚为孔子看重。季康子问："弟子孰为好学？"哀公问："弟子孰为好学？"孔子皆答："有颜回者好学，不幸短命死矣！"并补充说："今也则亡，未闻好学者也。"（《论语·先进》《论语·雍也》）孔子与得意弟子子贡交谈，也说：自己和子贡都不如颜渊刻苦好学领悟力强（《论语·公冶长》）。颜渊与孔子的真诚交流，《论语》和相关文献记载较多。颜渊死，孔子悲痛至极："子曰：'噫，天丧予！天丧予！'""颜渊死，子哭之恸。从者曰：'子恸矣。'曰：'有恸乎？非夫人之为恸而谁为？'"（《论语·先进》）

5. 颜渊对孔子的学说和理想理解最深刻，践行最用功。

颜渊喟然叹曰："仰之弥高，钻之弥坚。瞻之在前，忽焉在后。夫子循循然善诱人，博我以文，约我以礼，欲罢不能。既竭吾才，如有所立，卓尔，虽欲从之，未由也已。"（《论语·子罕》，今译见第四章9.11）

五、启发学习

7.8　子曰："不愤不启，不悱不发，举一隅不以三隅反，则不复也。"

今译

孔子说："学生不到想明白而未明白时，不去开导他；不到想说出而不能说出时，不去启发他。举出桌子的一角不能类推另外三个角，就不再教育他了。"

解读

孔子根据人的天赋和领悟能力，将人分为：生而知之者、学而知之者、困而学之者、困而不学者。因材施教，用启发式而非灌输式教育学生。李泽厚《论语今读》本章有"记"："中国文化从诗文评点到教育方法，无不重'点到即止''不求说破'，一直到禅宗棒喝顿悟，无不以此为上乘法门，即让受教育者自启心灵，独得体会，生机活泼，得真智慧，而免于沦为公式化之机器心理。因逻辑论证亦不外演绎、归纳两种，真正之科学创造并

非来自此种方法，而来自似乎无迹可求的'自由想象'
'自由直观'。今日动辄鄙夷传统而盛赞西法，文艺评论
也玄奥弯曲，'说理'盈筐，却远不及古人之片言中的，
其实何必如此之邯郸学步？真正的沟通与思考，均在此
'不愤不启'，而不在彼之'推理过程'。汉唐注疏，宋
明语录，并不作长篇大论、逻辑演绎，颇不合今日之所
谓'学术规范''学术标准'，却依然可以启迪人心，给
真智慧。千卷玄言不如片言折狱，此我宁作此种非学术
之小记而不写长篇论文：只这么点意思，便讲这么点言
语，不必硬学王婆娘之裹脚长布也。"❶

---

❶ 李泽厚：《论语今读》，生活·读书·新知三联书店2004年版，第195页。

六、重复学习

2.11　子曰："温故而知新，可以为师矣。"

今译

孔子说："温习旧的知识，就能获得新的认识，这样的人可以做老师了。"

解读

温习旧的知识，不只是老师课上讲的知识，包含总结各种历史经验。李泽厚《论语今读》本章有"记"："中国极端重视历史经验，记录各种经验、教训，以为未来殷鉴，乃此文明一大特征。中国史书之多，举世无匹。从经验、事实、历史出发，温故以知新，不迷信奇迹，不空想思辨，此'实用理性'之具体呈现也。'实用理性'在某种意义上，便正是历史理性。思辨理性（认识）、实践理性（道德）均来源和服从于此'历史理性'。"[1]

---

[1]　李泽厚：《论语今读》，生活·读书·新知三联书店2004年版，第61页。

第七章　名言名篇

《论语》的名言很多，本书选择了26句。这些名言经常出现在今人的言谈中，或在今人的著作中经常引用，意思多明白简要，所以没有再逐句作出今译，只是直接进行思想解读或引证前贤解读，希望达到"温故知新"的效果。这些名言，从不同方面表达了孔子的人生理想、社会理想、道德理想和政治理想。有的名言在本书前几章中已有解读，可以互相参见对照，加深理解。有的名言解读写于2021年初，引申较多，注明了解读日期，特别保留，作为撰写本书的经过记录。

　　《论语》名篇只选了《侍立章》《侍坐章》两篇，这两篇中孔子的志向和他赞赏的生活方式，反映了孔子大同天下的道德理想和社会理想。语言表达水准，也是历代散文中的名篇。《论语》中的其他名篇，没有多选。因为很多名篇的主题思想，已在前五章中有所解读，语言水准也没有超过这两篇。

一、名言

1. 己所不欲，勿施于人。

《论语·颜渊》12.2："仲弓问仁。子曰：'出门如见大宾，使民如承大祭。己所不欲，勿施于人。在邦无怨，在家无怨。'"《论语·卫灵公》15.24："子贡问曰：'有一言可以终身行之者乎？'子曰：'其恕乎！己所不欲，勿施于人。'"

孔子把"己所不欲，勿施于人"视为仁的基本原则，处理家庭事务和国家事务的基本原则；也视为个人可以终生奉行的原则，即"恕道"的基本原则。

"己所不欲，勿施于人"的思想，对法国启蒙思想家伏尔泰等人影响很大。伏尔泰盛赞这一思想，提倡应为每人的座右铭。法国大革命后，把这一思想作为自由道德的标志，写入《人权宣言》，后又写入法国宪法。1948年联合国大会通过的《世界人权宣言》，接受了法国《人权宣言》采纳的这一原则。

"己所不欲，勿施于人"，已经不只是《论语》中的原则，不只是汉语文明的原则，已成为世界人民公认的人类交往的共同原则。

2. 仁者不忧，知者不惑，勇者不惧。

《论语·宪问》：子曰："君子道者三，我无能焉：仁者不忧，知者不惑，勇者不惧。"子贡曰："夫子自道也。"又见《论语·子罕》：子曰："知者不惑，仁者不忧，勇者不惧。"

仁、智、勇，是孔子赞扬的三种美德，后儒称为"三达德"，三种通行天下的永恒的道德。数千年来，社会变化很大，科技发展很快，但人性的变化不大，表现人性的美德具有超越社会变化、超越科技发展的生命力，具有超越时代超越国家界限的普遍的价值。仁、智、勇不只是《论语》中赞扬的美德，也是千秋万代五洲四海应当继承和发扬的美德。

人类在急剧变化的社会面前，在飞速发展的科技面前，有时会迷失方向，甚至误入歧途。在继承人性美德方面，不能迷失，不能动摇，才能站稳脚跟，常走正道。这就是认识仁、智、勇的现代意义，重读《论语》的现代意义。

论语重读为修行，汉语文明有圣经。

立身处世讲道理，治国安民懂重轻。

3.不患人之不己知，患不知人也。

《论语·学而》1.16：子曰："不患人之不己知，患不知人也。"

刘宝楠《论语正义》："人不己知，己无所失，无可患也；己不知人，则于人之贤者，不能亲之退用之，人之不贤者，不能远之退之，所失甚巨，故当患。"❶

李泽厚："'不患人之不己知'要义仍在把握个体的价值与尊严，即走自己的路，为自己所当为，做自己所当做，'毁誉无动于中，荣辱在所不计'，自身实在存于自我认识中而不在'人知'也。"❷

4.不患寡而患不均，不患贫而患不安。

《论语·季氏》16.1："丘也闻有国有家者，不患寡而患不均，不患贫而患不安。"

这是孔子治国安民的政治主张，也是孔子的社会理想和道德理想。参见本书第五章之五的今译、解读。

---

❶ 刘宝楠：《论语正义》，上海书店1988年版，第19—20页。

❷ 李泽厚：《论语今读》，生活·读书·新知三联书店2004年版，第46页。

5.不义而富且贵，于我如浮云。

《论语·述而》7.16："子曰：饭疏食饮水，曲肱而枕之，乐亦在其中矣。不义而富且贵，于我如浮云。"

这是孔子对待仁义和富贵的生活原则、道德原则。

6.过犹不及。

《论语·先进》11.16：子贡问："师与商也孰贤？"子曰："师也过，商也不及。"曰："然则师愈与？"子曰："过犹不及。"

子贡问，颛孙师（子张）和卜商（子夏），谁更贤能？孔子认为，子张做得过头，子夏做得不够。过头和不够都是不适度。"过犹不及"体现了孔子主张的为人、为政的思想原则、处世原则和政治原则，即"中庸"原则，也可通俗表达为"适度"原则。

参见钱逊："'过犹不及'是对中庸的具体说明，朱熹用'无过无不及'来解释'中'根据就在于此。——真正懂得过犹不及的道理，注意做到无过无不及，把握中道，即把握事物的度，是我们每一个人都应努力学会的。"❶

---

❶ 钱逊：《论语浅解》，北京古籍出版社1988年版，第177页。

7.己欲立而立人，己欲达而达人。

《论语·雍也》6.30：子贡曰："如有博施于民而能济众，何如？可谓仁乎？"子曰："何事于仁！必也圣乎！尧舜其犹病诸。夫仁者，己欲立而立人，己欲达而达人。"

这是对仁的具体内容和具体原则的说明。参见本书第一章之二解读。

8.君子成人之美，不成人之恶。

《论语·颜渊》12.16：子曰："君子成人之美，不成人之恶。小人反是。"

参见第五章之三今译和解读。

9.君子不以言举人，不以人废言。

《论语·卫灵公》15.23：子曰："君子不以言举人，不以人废言。"

参见第五章之四今译和解读。

10.君子求诸己，小人求诸人。

《论语·卫灵公》15.21：子曰："君子求诸己，小人求诸人。"

参见第五章之三今译和解读。

11.君子坦荡荡，小人长戚戚。

《论语·述而》7.37：子曰："君子坦荡荡，小人长戚戚。"

参见第五章之三今译和解读。

12.君子忧道不忧贫。

《论语·卫灵公》15.32：子曰："君子忧道不忧贫。"

参见第五章之一今译和解读。

13.君子以文会友，以友辅仁。

《论语·颜渊》12.24：曾子曰："君子以文会友，以友辅仁。"

参见第五章之三今译和解读。

14.君子喻于义，小人喻于利。

《论语·里仁》4.16：子曰："君子喻于义，小人喻于利。"

参见第五章之五今译和解读。

15.君子周而不比，小人比而不周。

《论语·为政》2.14：子曰："君子周而不比，小人比而不周。"

参见第五章之三今译和解读。

16.人无远虑，必有近忧。

《论语·卫灵公》15.12：子曰："人无远虑，必有近忧。"

人没有长远的考虑，一定有眼前的忧愁。常人有常人的"远虑"和"近忧"，君子有君子的"远虑"和"近忧"。平民百姓和国君大臣的"远虑"和"近忧"，有时相同，更多的是不同。《论语》中的很多名言，都可以从立身处世、治国安民的不同高度进行今译或解读。参见李泽厚："这本是治国说，但也是很好的生活格言。这也是人之不同于动物所在。后者只顾目前，从不思前顾后，杀身之祸临头，犹不知不识也。'虑'又与'忧'常相连，而人总有忧有虑，度此一生，亦可伤矣。时人谓中国文化特征乃'忧患意识'，忧国忧民忧世界，'先天下之忧而忧'，赖有先知先觉之忧而免家国衰亡文化失落，中国传统数千年而不坠，其斯之谓乎？乐感文化固包含忧患意识于其中，否则何成其为'乐感'？"❶

---

❶ 李泽厚：《论语今读》，生活·读书·新知三联书店2004年版，第425页。

17.三军可夺帅也，匹夫不可夺志也。

《论语·子罕》9.26：子曰："三军可夺帅也，匹夫不可夺志也。"

可以夺取三军的主帅，不可夺取一介平民的志向。后世名言"天下兴亡，匹夫有责"，也是赞扬平民百姓的坚定志向。

18.士不可以不弘毅，任重而道远。

《论语·泰伯》8.7：曾子曰："士不可以不弘毅，任重而道远。仁以为己任，不亦重乎？死而后已，不亦远乎？"

任重道远之"道"，应指"仁道"，即崇高的道德理想、政治理想。非指"天道"，因"天道"超越了人的认知能力。参见第一章之一今译、解读。

19.仕而优则学，学而优则仕。

《论语·子张》19.13：子夏曰："仕而优则学，学而优则仕。"

做官好了再去学习，学习是做官素质的提升。学习好了再去做官，学习好是做官的前提和基础。参见李泽厚："这已是名言，而且常把它当作孔子的话，只因为它出自《论语》。其实，这篇都是孔门弟子的讲话，又特别是子夏学派的。'学优则仕'是中国传统社会知识分子的人生道路，所以'士'和'大夫'（有官职）总连在一起。它是世界文化史上一个重要现象。一方面最早建立了系统的文官政治构架，使行政、教育相连接，社会获得知识者作为主要支柱的撑持。另方面使知识分子个体的人生价值、终极关怀被导入'济世救民''同胞物与'的方向，而求在尘世建立'天国'（不管是'复三代之盛'也好，'通三统张三世'也好）。这一方面造成中国式政教合一和泛道德主义，同时也避免了诸多宗教信仰的冲突纠纷。这已是历史事实、心理形成，不必为求价值判断而大肆争论，重要的是去了解、解析这一现象而探求今后的可能。"❶

20.岁寒，然后知松柏之后凋也。

《论语·子罕》9.28：子曰："岁寒，然后知松柏之后凋也。"

松柏是君子道德品质的象征，也是政治品质的象征。参见李泽厚："此与'匹夫不可夺志'章同样意思。在冰雪严寒的恶劣环境中，才能真正显示具有韧性精神的意志崇高。——中国以松柏象征韧性精神，以肯定的情感

---

❶ 李泽厚：《论语今读》，生活·读书·新知三联书店2004年版，第517页。

态度来激励人们，并由此进入更深一层的超道德的审美的'本体'境界，即对本真存有的情感把握：人与松柏为代表的宇宙自然融合为一。——中国以审美代宗教达到此最高本体，却可以在日常性、世俗性之中，其中包括对苦难的关注（'岁寒'）。'仁''敬''诚''庄'诸道德范畴均有审美情感，因此可信仰的不是那可畏惧的严厉上帝，而是具有情感的生命（天地国亲师）本身，亦即相信人类如同天地一样将延续永生而趋行于善（道）。所谓'以美储善'即松柏后凋之谓也。"❶

21.温故而知新。

《论语·为政》2.11：子曰："温故而知新，可以为师矣。"

温故知新，是自学之道，也是教学之道。参见第六章之六今译、解读。

22.小不忍则乱大谋。

《论语·卫灵公》15.27：子曰："巧言乱德。小不忍，则乱大谋。"

忍是立身处世的道德修养，也是治国安民的政治修养。参见第三章之三今译、解读。

23.学而不思则罔，思而不学则殆。

《论语·为政》2.15：子曰："学而不思则罔，思而不学则殆。"

只学习不思考就会迷惘，只思考不学习就会疑惑。学思结合，已成求学之道、治学之道。

24.学而不厌，诲人不倦。

《论语·述而》7.2：子曰："默而识之，学而不厌，诲人不倦，何有于我哉？"

学不厌，诲不倦，这学和教是自愿的选择，也是文化使命、历史使命的承担；是生活的意义追求，也是生命的意义追求。参见李泽厚："学为什么能'不厌'？因学非手段，乃目的自身，此学即修身也。所谓'活到老，学到老，改造到老'，亦斯之谓乎？此外，此'学'也应包括为学而学，即为科学而科学之快乐，这在今日及今后甚为重要。"❶

---

❶ 李泽厚：《论语今读》，生活·读书·新知三联书店2004年版，第190页。

25.朝闻道，夕死可矣。

《论语·里仁》：子曰："朝闻道，夕死可矣。"

道在不同篇章，含义不同。值得舍去生命的道，应指"仁道"或"天道"。"仁道"是孔子向往的理想之道，大同之道。"天道"是孔子"畏天命"之道，"天道远"之道，参见16.8，5.13。

26.知之者不如好之者，好之者不如乐之者。

《论语·雍也》6.20：子曰："知之者不如好之者，好之者不如乐之者。"

"好之""乐之"是孔子提出的求学的最美境界、最高境界、最幸福的境界，也是超越功利追求的境界，而且是只为发扬人的善性、发展人的才智的求学境界。参见李泽厚："现代学人常批评中国传统不及西方悲观主义之深刻，殊不知西方传统有全知全能之上帝作背景，人虽渺小，但有依靠。中国既无此背景，只好奋力向前，自我肯定，似乎极度夸张至'与天地参'，实则因其一无依傍，悲苦艰辛，更大有过于有依靠者。中国思想应从此处着眼入手，才知'乐感文化'之强颜欢笑、百倍悲情之深刻所在。"❶

---

❶ 李泽厚：《论语今读》，生活·读书·新知三联书店2004年版，第177页。

二、名篇 〜〜

5.1　颜渊、季路侍。子曰："盍各言尔志？"

子路曰："愿车马衣（轻）裘与朋友共，敝之而无憾。"

颜渊曰："愿无伐善，无施劳。"

子路曰："愿闻子之志。"

子曰："老者安之，朋友信之，少者怀之。"

今译

颜渊、季路侍立在孔子身旁。

孔子说："何不各自谈谈你们的志向？"

子路说："愿把自己的车马衣裘与朋友共享，用坏了也不遗憾。"

颜渊说："愿不自夸好处，不把劳苦推给他人。"

子路说："想听听先生的志向。"

孔子说："让老年人得到安乐，朋友得到信任，少年得到关怀。"

解读

1. "衣（轻）裘"：唐以前的本子没有"轻"字。

2. "无施劳"：多数注本解释为"不自夸功劳"。有的解释为"不把劳苦之事施加于人"。前一解释只表达了希望具有谦让品德的志向，两句含义重复。后一解释又表达了希望具有担当困苦的品格的志向，体现了"己所不欲，勿施于人"的思想。故本译文取后一解释。

3. 本篇集中体现了《论语》倡导的人生理想和政治理想，生动呈现了仁、恕、义的思想光芒。子路仗义疏财、重义轻利的志向，颜渊谦让自律、勇于吃苦的志向，都是历代称赞的美德，具有超越时代的思想价值。孔子的志向更是体现了崇高的政治抱负，建立天下太平人人幸福的大同社会的美好理想。

11.26　子路、曾晳、冉有、公西华侍坐。子曰："以吾一日长乎尔，毋吾以也。居则曰不吾知也，如或知尔，则何以哉？"子路率尔而对曰："千乘之国，摄乎大国之间，加之以师旅，因之以饥馑。由也为之，比及三年，可使有勇，且知方也。"夫子哂之。"求！尔何如？"对曰："方六七十，如五六十，求也为之，比及三年，可使足民。如其礼乐，以俟君子。""赤！尔何如？"对曰：
"非曰能之，愿学焉。宗庙之事，如会同，端章甫，愿
为小相焉。""点！尔何如？"鼓瑟希，铿尔，舍瑟而作，
对曰："异乎三子者之撰。"子曰："何伤乎？亦各言其志
也。"曰："莫春者，春服既成，冠者五六人，童子六七
人，浴乎沂，风乎舞雩，咏而归。"夫子喟然叹曰："吾
与点也。"三子者出，曾皙后。曾皙曰："夫三子者之言
何如？"子曰："亦各言其志也已矣。"曰："夫子何哂由
也？"曰："为国以礼，其言不让，是故哂之。""唯求则非
邦也与？""安见方六七十、如五六十而非邦也者？""唯
赤则非邦也与？""宗庙会同，非诸侯而何？赤也为之小，
孰能为之大？"

今译

　　子路、曾皙、冉有、公西华陪坐在孔子身旁。孔子
说："我比你们年长几岁，不用对我谦让。你们平时在家
常说别人不了解自己，如果有人了解你，会怎么做呢？"
子路急忙答道："千辆兵车的国家，夹在大国之间，加上
军队来犯，又遇国内饥荒，让我去治理，三年之内，可
以使百姓勇敢，并且懂得礼仪。"孔子轻微一笑。问："冉
求，你怎么样？"冉求答道："方圆六七十里或五六十里

的地方，让我去治理，三年之内，可以使民众富足。至于礼乐教化，还待君子去实现。"孔子又问："公西华，你怎么样？"公西华答道："不敢说能做什么，愿意学习罢了。宗庙祭祀，或者诸侯会盟，我愿意穿上礼服，做一个主持礼仪的人。"孔子又问："曾点，你怎么样？"曾皙放缓弹瑟，铿的一声停止，放下瑟站起来，回答道："我想的和他们三人不同。"孔子说："有什么关系呢？也是各人谈谈自己的志向吧。"曾皙说："暮春时节，穿好春装，和五六个成年人，六七个孩童，到沂水洗澡，到舞雩台吹风，唱着歌走回家。"孔子感叹地说："我赞赏曾点的想法啊。"三位弟子出了门，曾皙后离开。曾皙问："他们三人的话怎么样？"孔子说："也是各自谈谈自己的志向吧。"曾皙又问："老师为什么笑子路呢？"孔子说："依礼治国，他的话不谦让，所以笑他。"曾皙又说："难道冉求说的不是治理国家吗？"孔子说："怎么见得方圆六七十或五六十的地方就不是国家呢？"曾皙又说："难道公西华说的不是治理国家吗？"孔子说："宗庙祭祀、诸侯会盟，不是诸侯国事又是什么？公西华认为是小事，谁能做大事呢？"

解读

这是《论语》的传世名篇。对话生动，语言精妙，人物鲜明，其文学艺术品位为历代散文选本所赞赏。

曾皙所言，描绘出一幅天下太平、少长康乐的幸福景象，正是孔子向往的大同世界的理想景象。与5.1章所言"老者安之，朋友信之，少者怀之"，都是孔子希望实现大同世界的政治理想的形象表达。

"以礼治国"是孔子最重要的政治主张，在本章对弟子的评价中庄重地提出来，成为后世儒家学派政治法律思想的理论基础，对历代治国安邦产生了深远的积极的影响。

1981年春天的一个上午，在北大中文系的教室里，听唐作藩老师讲解本章。课后，我购入杨伯峻先生的《论语译注》，走上随时阅读欣赏《论语》的人生道路。

附录一　东斋辞书目录

多年淘书，未编目录。随兴赠书，亦无记录。书堆成患，难于翻阅查寻种类数目。辞书经常查阅，多置于书架之上或放在书桌之旁。《论语辞典》《四书解读辞典》《孔学知识词典》《四书五经名句词典》《春秋左传词典》都帮助我更简明地解读《论语》。特编《东斋辞书目录》111种，纪念多年淘书的苦乐历程，也纪念编写《论语重读》的探寻历程。

1.《四角号码新词典》，商务印书馆1957年版。少年时代陪伴至今。

2.《辞源·修订本》，全四册，商务印书馆1979年、1981年、1982年、1983年版。1983年9月、1984年4月21日分次购入。

3.《现代汉语词典》(第6版)，商务印书馆2012年版。2013年8月30日购于海淀书城步行街。

4.《现代汉语词典·大字本》(第5版)，商务印书馆2006年版。2011年4月23日购于地坛书市。

5.《古汉语大词典》，上海辞书出版社2002年版次。
2003年1月16日北师大东门小书店停业之际购。

6.《汉语大词典简编》，全二册，汉语大词典出版社
1998年版。2009年4月10日购于海淀中国书店。

7.《辞海·合订本》，中华书局1948年版。1992年
7月16日购于新街口中国书店。

8.《康熙字典》，中华书局1980年版。1984年左
右购。

9.《简明金文词典》，上海辞书出版社1998年版。
1999年左右购。

10.《中国成语大辞典》，上海辞书出版社1987年版。
1988年左右购。

11.《王力语言学词典》，山东教育出版社1997年版。
2001年2月23日购。

12.《简明古籍辞典》，齐鲁书社1989年版。1994年
10月2日购。

13.《汉语歇后语辞典》，汉语大词典出版社2005年
版。2008年12月8日购于地坛书市。

14.《诗经词典》，四川人民出版社1997年版。2005
年10月10日购。

15.《诗经鉴赏辞典》，河海大学出版社1989年版。

2008年10月16日购于海淀书城。

16.《金瓶梅词典》，中华书局2000年版。2004年12月28日购。

17.《红楼梦鉴赏辞典》，上海古籍出版社1989年版。2008年10月10日购于地坛书市。

18.《红楼梦鉴赏辞典》，汉语大词典出版社2005年版。2006年1月23日购（已赠）。

19.《中国戏曲曲艺词典》，上海辞书出版社1985年版。1992年3月21日购。

20.《中国神话传说词典》，上海辞书出版社1985年版。1985年12月购。

21.《中国古代诗词曲词典》，江西教育出版社1989年版。2019年1月19日购于海淀中国书店。

22.《新编诗词曲赋辞典》，江西人民出版社1989年版。2019年1月19日购于海淀中国书店。

23.《中国园林鉴赏辞典》，华东师范大学出版社2001年版。2008年12月4日购于地坛书市。

24.《中国都城辞典》，江西教育出版社2000年版。2006年12月8日购。

25.《中国服饰大辞典》，山西人民出版社1992年版。2012年12月13日购于师大东门书店。

26.《中国历史文化名城词典》，上海辞书出版社1985年版。1986年左右购。

27.《中国古代名句辞典》，上海辞书出版社1988年版。1989年左右购。

28.《中国古今姓氏辞典》，黑龙江人民出版社1985年版。1985年左右购。

29.《中国历史大辞典（史学史）》，上海辞书出版社1983年版。1984年左右购。

30.《中国历史大辞典（隋唐五代史）》，上海辞书出版社1995年版。2006年7月1日购。

31.《中国历史大辞典（宋史）》，上海辞书出版社1984年版。1985年购。

32.《中国历史大辞典（辽夏金元史）》，上海辞书出版社1986年版。1987年购。

33.《历代避讳字汇典》，中州古籍出版社1997年版。1999年购。

34.《中国历代名人辞典》，江西人民出版社1984年版次。1984年12月19日购。

35.《中国地方志辞典》，黄山书社1987年版。2003年8月3日购。

36.《春秋左传词典》，中华书局1985年版。1991年

3月24日购。

37.《中国古今书名释义辞典》，山东友谊书社1992年版。2019年10月7日购于海淀中国书店。

38.《郑玄辞典》，语文出版社2004年版。2008年10月10日购于地坛书市。

39.《元语言词典》，上海教育出版社1999年版。2008年7月31日购于海淀中国书店。

40.《古谚语辞典》，北京出版社1992年版。2004年4月16日购于小月河畔。

41.《民族词典》，上海辞书出版社1987年版。1988年购。

42.《宗教词典》，上海辞书出版社1983年版。1984年10月购。

43.《法学词典（增订版）》，上海辞书出版社1984年版次。1988年2月10日购。

44.《哲学大辞典（中国哲学史卷）》，上海辞书出版社1985年版。1986年10月30日购。

45.《中国文化史词典》，浙江古籍出版社1987年版。1988年1月1日购。

46.《中国历代职官别名辞典》，上海辞书出版社2016年版。2019年6月30日购。

47.《清代六部成语词典》，天津人民出版社1990年版。1990年6月5日购。

48.《清史满语辞典》，上海古籍出版社1990年版。1991年购。

49.《通假字小字典》，湖南人民出版社1986年版。1987年6月购。

50.《古钱小辞典》，文物出版社1998年版次。2012年2月2日购。

51.《汉语惯用语词典》，外语教学与研究出版社1985年版。1992年5月9日购。

52.《古汉语常用字字典》，商务印书馆1998年版。2001年9月25日购于西直门旧书店。

53.《古汉语误读字字典》，新世界出版社2008年版。2014年12月28日购。

54.《古汉语知识辞典》，武汉大学出版社1988年版。1990年购。

55.《诗歌辞典》，花城出版社1990年版次。1994年8月24日购。

56.《三礼辞典》，江苏古籍出版社1993年版。1994年1月8日购。

57.《孔学知识词典》，商务印书馆国际有限公司

2008年版。2015年6月1日购。

58.《论语辞典》，上海古籍出版社2004年版。2004年10月4日购。

59.《四书解读辞典》，中华书局2005年版。2006年1月9日购。

60.《古书典故辞典》，江西人民出版社1984年版。2005年10月4日购。

61.《同源字典》，商务印书馆1982年版。1988年购。

62.《古汉语常用字字源字典》，上海书店出版社1997年版次。1999年购。

63.《汉字源流字典》，华夏出版社2006年版。2007年12月18日购。

64.《甲骨文常用字字典》，中华书局2019年版。2019年3月13日购。

65.《谦词敬词婉词词典》，商务印书馆2002年版。2002年12月8日购。

66.《汉语谚语词典》，江苏人民出版社1981年版。1982年5月7日购。

67.《汉语成语小词典》，商务印书馆1973年版。1973年购于云南师宗新华书店。

68.《中国岁时节令辞典（修订版）》，中国社会科学出版社2011年版。2011年5月26日购。

69.《中国古今地名大辞典》，上海书店出版社2016年版。2017年10月10日购。

70.《新编中国民间宗教辞典》，福建人民出版社2015年版。2017年9月27日购。

71.《中国书法大字典》，香港中外出版社1976年版。无购书时间记录。

72.《中国象棋词典》，上海辞书出版社1986年版。1987年购。

73.《中国风俗辞典》，上海辞书出版社1991年版。1993年4月29日购。

74.《西藏历史文化辞典》，西藏人民出版社、浙江人民出版社1998年版。2007年7月26日购。

75.《宋代官制辞典》，中华书局2019年版。2019年11月5日购。

76.《清代典章制度辞典》，中国人民大学出版社2011年版。2013年1月24日购。

77.《中国传统法律文化辞典》，北京大学出版社1999年版。1999年购。

78.《中华法学大辞典（法律史学卷）》，中国检察出版社1999年版。无购书时间记录。

79.《中国法制史大辞典》，北京大学出版社 2015 年版。2015 年 10 月 16 日购于海淀书城。

80.《现代实用民法词典》，北京出版社 1988 年版。1989 年购。

81.《〈史记〉地名族名词典》，中华书局 2020 年版。2021 年 6 月 13 日购。

82.《理论学习小词典》，上海辞书出版社 1983 年版。无购书时间记录。

83.《世界历史词典》，上海辞书出版社 1985 年版。1986 年 12 月购。

84.《佛教小辞典》，上海辞书出版社 2005 年版。2013 年 2 月 21 日购。

85.《近代来华外国人名辞典》，中国社会科学出版社 1984 年版。1991 年 5 月 18 日购。

86.《罗马法词典》，法律出版社 2002 年版。2002 年 5 月 17 日购。

87.《牛津法律理论词典》，法律出版社 2007 年版。2007 年 11 月 24 日购。

88.《美国法律辞典》，中国政法大学出版社 1998 年版。书前赠言"广安章迅兄嫂雅正　卫方奉　九八年十一月"。

89.《外国地名语源词典》，上海辞书出版社1984年版。1985年购。

90.《圣经词典》，陕西人民出版社1990年版。1991年购。

91.《基督教词典（修订版）》，商务印书馆2005年版。2005年7月7日购。

92.《新英汉词典》，上海译文出版社1981年版。1981年12月26日购。

93.《远东英汉大辞典》，台北远东图书公司1977年版。无购书时间记录。

94.《英汉法律词典（修订本）》，法律出版社1999年版。1999年购。

95.《英语常用短语词典》，商务印书馆1984年版。1987年1月14日购。

96.《布莱克维尔政治学百科全书》，中国政法大学出版社1992年版。1993年12月14日购。

97.《中国大百科全书（民族）》，中国大百科全书出版社1986年版。1987年3月27日购。

98.《中国大百科全书（法学）》，中国大百科全书出版社1984年版。1985年4月3日购。

99.《不列颠百科全书》，全20册，中国大百科全书出版社1999年版。2002年7月6日购于西直门图书音像城散迁之时。

100.《中国古代政治制度史辞典》，首都师范大学出版社1998年版。2008年1月26日购。

101.《后现代主义辞典》，中央编译出版社2005年版。2006年12月6日购。

102.《中国哲学辞典》，吉林出版集团有限责任公司2009年版。2010年6月25日购。

103.《唐诗鉴赏辞典》，上海辞书出版社1985年版。1987年4月10日购。

104.《唐代诗词语词典故词典》，社会科学文献出版社1992年版。2001年4月28日购于西直门书店。

105.《元照英美法词典》，法律出版社2003年版。2003年11月4日贺君赠。

106.《简明英汉法律词典》，商务印书馆1990年版。1994年1月13日购。

107.《汉英词典》，商务印书馆1980年版。1981年5月30日购。

108.《中国人名大辞典》，商务印书馆1984年版。1990年5月9日购。

109.《四书五经名句辞典》，上海辞书出版社2010

年版。2011年1月10日购。

110.《甲骨学小辞典》，上海辞书出版社1987年版。1992年1月21日购。

111.《科学学辞典》，四川省社会科学院出版社1985年版。1985年购。

附录二　东斋《论语》图书目录

多年淘存《论语》图书，未编目存放。今写《论语重读》，特编目录，以方便自己查考，也提供各位读者参考。很多书，见过了，才知道哪些值得看，哪些不值得看，哪些问题有必要再写，哪些问题没必要再写了。多种《论语》袖珍读本没有列入此目录。

1.《四书白话注解》(上、下册)，长春古籍书店1982年4月印制，定价2元。1982年7月15日购于北大图书馆前。

2.《论语译注》，杨伯峻译注，中华书局1980年第2版，1982年9月第8次印刷，定价1.25元。1983年3月28日购于北大书店。

3.《论语译注》(典藏版)，杨伯峻译注，中华书局2015年第1版，2021年2月第9次印刷，定价72元。2022年1月6日购。

4.《黄侃手批白文十三经》，上海古籍出版社1983年版，定价9.8元。1984年11月26日购。

5.《十三经索引》(重订本)，叶绍钧编，中华书局1983年版，定价6.85元。1983年10月购。

6.《十三经注疏》(上、下册)，中华书局1980年影印版，定价22.8元。未写购书日期。

7.《唐写本论语郑氏注及其研究》，王素编著，文物出版社1991年版。1996年4月1日购。

8.《定州汉墓竹简论语》，河北省文物研究所定州汉墓竹简整理小组编，文物出版社1997年版。2001年6月24日购。

9.《论语今读》，李泽厚著，生活·读书·新知三联书店2004年版。2004年4月17日购。

10.《论语本解》，孙钦善著，生活·读书·新知三联书店2009年版。2009年4月10日购。

11.《论语直解》，张卫中直解，浙江文艺出版社1997年第1版,2000年第2次印刷。2003年12月20日购。

12.《论语直解》，来可泓撰，复旦大学出版社2000年版。2003年12月4日购。

13.《论语新解》，钱穆著，生活·读书·新知三联书店2002年版。2009年10月12日购。

14.《四书释义》，钱穆著，九州出版社2010年版。2013年12月4日购。

15.《论语浅解》，钱逊著，北京古籍出版社1988年版。2021年3月18日购。

16.《丧家狗——我读〈论语〉》，李零著，山西人民出版社2007年版。2007年购。

17.《论语通译》，徐志刚译注，人民文学出版社1997年第1版。2001年7月7日购。

18.《论语直解》(教育部《中学语文教学大纲》指定书目)，张卫中直解，浙江文艺出版社2000年12月第1版，2001年7月第3次印刷。2019年5月28日购。

19.《论语导读》，杨树增导读，中华书局2002年版。2002年法大经济法11班张晓庆赠送，书前留言："祝刘老师永远快乐！"

20.《论语导读》，蔡尚思、吴瑞武著，巴蜀书社1996年版。未写购书日期。

21.《论语》，来可泓注，陕西人民出版社1996年版。2004年2月3日购。

22.《论语详注及英译》，王福林注译，世界图书出版公司1997年版。未写购书日期。

23.《四书》(汉英对照 文白对照)，〔英〕理雅各英译、杨伯峻今译，刘重德、罗志野英文校注，湖南出版社1992年第1版，1996年第2版。未写购书日期。

24.《论语辨惑》，萧民元著，中国社会科学出版社2001年版。2002年3月购。

25.《论语新探》，赵纪彬著，人民出版社1976年第3版。2010年10月5日购。

26.《〈论语〉批注》，北京大学哲学系一九七〇级工农兵学员编，中华书局1974年版。2009年4月27日购。

27.《四书心得》，傅佩荣著，北京理工大学出版社2011年版。2014年11月19日购。

28.《人能弘道：傅佩荣谈论语》，傅佩荣著，东方出版社2018年版，2020年第3次印刷。2021年12月5日购。

29.《论语今注》，潘重规著，山西人民出版社2020年版。2021年9月30日购。

30.《论语读训》，程石泉著，上海古籍出版社2005年版。2005年4月24日购。

31.《广解论语》，王淄尘讲述，生活·读书·新知三联书店2019年版。2021年5月7日购。

32.《论语集解校释》，高华平校释，辽海出版社2011年版。2015年11月6日购。

33.《论语诠解》，杨朝明主编，山东友谊出版社2013年版。2022年2月22日购。

34.《于丹〈论语〉心得》，中华书局2006年版。2006年12月1日购。

35.《论语广义》，华军著，中国社会科学出版社2019年版。2021年4月12日购。

36.《论语读本》，〔日〕宇野哲人著，刘栋译，北京联合出版公司2020年版。2021年11月26日购。

37.《论语索隐》，孔令保、张劲松编著，香港天马图书有限公司2002年版。2021年3月18日购。

38.《论语疏证》，杨树达著，江西人民出版社2007年版。2017年8月25日购。

39.《四书章句集注》(上、下册)，〔宋〕朱熹撰，金良年今译，上海古籍出版社2006年第1版，2012年第7次印刷。2013年12月28日购。

40.《大家读〈论语〉》，白平译注，北京出版集团、文津出版社2021年版。2021年12月14日收赠。

41.《孔子》，江恒源著，商务印书馆1930年版。2002年1月16日购。

42.《诸子概论》，陈柱著，商务印书馆1930年版。2001年7月22日购。

43.《先秦诸子系年》，钱穆著，商务印书馆2001年版。2001年11月22日购。

44.《孔子与论语》，钱穆著，九州出版社2011年版。2013年12月4日购。

45.《孔子传》，钱穆著，生活·读书·新知三联书店2002年版。2002年11月8日购。

46.《孔子的故事》，李长之著，北京出版集团、北京出版社2002年版。2005年8月5日购。

47.《孔子和他的弟子们》，高专诚著，新华出版社1991年版。1993年1月28日购。

48.《孔子》，〔日〕井上靖著，郑民钦译，人民日报出版社1990年第2次印刷。1998年5月17日购。

49.《德川日本〈论语〉诠释史论》，黄俊杰著，上海古籍出版社2008年版。2009年10月26日购。

50.《康有为〈论语注〉思想研究》，商务印书馆2019年版。2021年7月28日购。

51.《孔子评传》，匡亚明著，南京大学出版社1990年版。1994年11月3日购。

52.《孔子新传》，金景芳、吕绍刚、吕文郁著，长春出版社2006年版。2008年12月8日购。

53.《孔子新传》(典藏版)，金景芳、吕绍刚、吕文郁著，新世界出版社2020年版。2021年10月27日购。

54.《孔子论人生》，何新著，时事出版社2003版。

2003年11月20日购。

55.《孔学杂著》,欧阳竟无著,山东人民出版社1997年版。2001年6月17日购。

56.《儒教》,杜维明著,陈静译,上海古籍出版社2008年版。2009年7月22日购。

57.《〈论语〉的哲学诠释:比较哲学的视域》,〔美〕安乐哲、罗思文著,中国社会科学出版社2003年版。2003年10月22日购。

58.《通过孔子而思》,〔美〕郝大维、安乐哲著,何金俐译,北京大学出版社2005年版。2006年购。

59.《儒学的复兴》,〔澳〕李瑞智、黎华伦著,范道丰译,商务印书馆1999年版。1999年购。

60.《孔氏地主庄园》,齐武著,中国社会科学出版社、重庆出版社1982年版。1988年2月28日购。

61.《孔子研究论文集》,中华孔子研究所编,教育科学出版社1987年版。2003年12月13日购。

62.《论语现代读》,东方桥著,上海书店出版社2002年版。2003年8月16日购。

63.《发现论语》,杨润根著,华夏出版社2003年版。2004年4月11日购。

64.《论语述要》,周应之传述,华东师范大学出版社2019年版。2021年4月12日购。

65.《论语别裁》，南怀瑾著，复旦大学出版社1995年版。1996年2月23日购。

66.《南怀瑾讲述论语中的名言》，南怀瑾著，古吴轩出版社2006年版。2007年1月26日购。

67.《孔子·孔子弟子》，高专诚著，山西人民出版社1991年版。1994年10月30日购。

68.《孔庙十三碑亭》，朱福平编著，中国档案出版社2004年版。2016年4月15日购。

69.《孔孟之乡石刻碑文选》，济宁市政协文史委员会编，山东友谊出版社1992年版。1995年10月26日购。

70.《孔孟之乡民俗》，高建军编著，济南出版社2002年版。2016年4月26日购。

71.《曲阜孔庙祭祀通解》，孔德平主编，现代出版社2007年版。2016年4月16日购。

72.《孔裔谈孔》，孔令朋著，中国文史出版社1998年版。2006年2月14日购。

73.《论语学的形成、发展与中衰》，唐明贵著，中国社会科学出版社2005年版。2006年12月26日购。

74.《论语学史》，唐明贵著，中国社会科学出版社2009年版。2022年3月25日购。

75.《汉唐论语学史》，丁红旗著，上海古籍出版社2021年版。2022年3月22日购。

76.《清代论语诠释史论》，柳宏著，社会科学文献出版社2008年版。2008年4月27日购。

77.《新四书与新儒学》，梁涛著，中国人民大学出版社2020年版。2021年1月30日购。

78.《论语解注合编》，姚永朴撰，余国庆点校，黄山书社1994年版。未写购书日期。

79.《论语集释》，程树德撰，中华书局1990年版。未写购书日期。

80.《论语正义》，〔汉〕郑玄、〔清〕刘宝楠注，上海书店1992年版第2次印刷。1994年10月8日购。

81.《孔府档案选编》（上、下册），中华书局1982年版。1995年1月24日购。

82.《孔子　人能弘道》（修订本），倪培民著，李子华译，世界图书出版公司2021年版。2022年7月9日购。

83.《论语之美》，傅佩荣著，北京联合出版公司2020年版。2022年8月31日购。

后　记

　　孙绍武先生是我的小学老师（1961—1965）。他接受过传统国学教育，为儿子取名：仁祖、孝祖、忠祖，都含有《论语》的基本概念。他曾带我们到村旁大树下泉水边游戏，体会《论语·侍坐章》所言春游之乐。这是《论语》在我心里播下的种子。

　　1974年看到的"批儒评法"文章，让我知道《论语》的片断内容。1981年春季在北大旁听中文系唐作藩老师讲《论语》后，我买了中华书局新出版的《论语译注》(杨伯峻译注)，送给同乡后，1983年3月28日又买了一本。1982年7月15日，在北大图书馆前用助学金买了长春古籍书店出版的《四书白话注解》。这是我收集《论语》著作的开端。至今淘得各种《论语》著作上百种。筒子楼芳邻贺君先后赠我数种《论语》版本。这是我重读《论语》的知识背景。1984年，我写了《孔氏族规与封建国家制定法的关系》《儒家的家族主义》两文，作为硕士生的学年论文，后一文在1986年公开发表了。1998年，我写了《儒家的法律思想》，作为《中国法律思想史》教材的一章（北京大学出版社 1998 年版）。2003 年，我写了《中国法律思想简史》（高等教育出版社 2004 年初版，2007 年、2011 年再版）。其中，专门写了"孔子的法律思想"。以上论著，用过《论语》的材料。法史学家程树德晚年在忧患之中编写《论语集释》，成为学界公认的重要著作，为我撰写《论语重读》树立了榜样。

平生读过的书颇多，受益最大的书就是《论语》。学习古代汉语的基本知识，学习《论语》名文精练生动的语言，学习做人做事的很多道理。没有哪一本书超过《论语》给我的学养。可以说，我读《论语》获得了举一反三、事半功倍的成效。因为是在上大学之后才读的，在繁重的法学课程之余，在艰苦的法史研究之余，陆陆续续地阅读，虽然经常翻阅，但是不能背诵！只是知道《论语》的一些名言和名篇。这次写《论语重读》，也是机缘所致。退休之际，向学校申请学术休假一年。疫情期间，无法出游，重读《论语》，撰写译文和解读。译文重点是根据语境翻译仁、义、礼、智、信、德、道等基本概念的一般含义，解读重点是说明《论语》的主要内容和主题思想及其传承价值。

《论语重读》的部分内容在李凤鸣教授的《法立春秋》公号陆续发表后，引起一些关注，得到中国政法大学法律史学研究院等公号的转发，得到很多学友的鼓励支持。赠我数种《论语》版本的贺君给予鼓励："兄台在原典上下如此深切的功夫，非常感佩！结合语境和夫子思想整体的解释很有说服力。"我和博士生的"东斋微信群"鼓励支持很多。侯天保同志看了《法立春秋》公众号的有关信息，通过李凤鸣教授联系到我，表示了非常热情、非常有力的支持，促进了本书的写作完成。

回顾本人简历，少年时爱读书，是学而知之者。青年时爱读书，是困而学之者。若找朋友顺利，不会发愤考上北大又考博士。中年时爱读书，是逼而学之者。若升职顺利，减少考评任务，不会费力著书立说。老年时爱读书，方达好而学之者的自由，并有乐而学之者的幸福。晚知天命，悟道不深。天佑斯文，未负命运。重读论语，再塑人生。反思经典，创新文明。

疫情两年未息，编写《论语重读》，以此共度时艰。腰椎病痛，时发时停。编写工作，也时断时续。想到法史学家程树德在忧患岁月里编纂《论语集释》的顽强精神，心中释然，继续编写。大雪过后，艳阳高照。

2022年3月19日初稿

4月7日修订

5月26日定稿